U0926948

本书由云南省高校科技创新团队支持计划资助

中国商业银行体系脆弱性分析

——基于不确定性思想的视角

李辉 著

云南民族大学学术文库

中国社会科学出版社

图书在版编目(CIP)数据

中国商业银行体系脆弱性分析：基于不确定性思想的视角／李辉著．—北京：中国社会科学出版社，2011.5

ISBN 978-7-5004-9380-8

Ⅰ.①中… Ⅱ.①李… Ⅲ.①商业银行—研究—中国 Ⅳ.①F832.33

中国版本图书馆CIP数据核字(2010)第244969号

策划编辑 郭沂纹
特约编辑 丁玉灵
责任校对 修广平
封面设计 四色土图文设计
技术编辑 张汉林

出版发行 中国社会科学出版社
社　址 北京鼓楼西大街甲158号　邮　编 100720
电　话 010—84029450(邮购)
网　址 http://www.csspw.cn
经　销 新华书店
印　刷 北京新魏印刷厂　装　订 广增装订厂
版　次 2011年5月第1版　印　次 2011年5月第1次印刷
开　本 710×1000 1/16
印　张 11.5　插　页 2
字　数 195千字
定　价 28.00元

凡购买中国社会科学出版社图书，如有质量问题请与本社发行部联系调换

云南民族大学学术文库委员会

《云南民族大学学术文库》总序

云南民族大学党委书记、教授、博导　甄朝党
云南民族大学校长、教授、博导　张英杰

云南民族大学是一所培养包括汉族在内的各民族高级专门人才的综合性大学，是云南省省属重点大学，是国家民委和云南省人民政府共建的全国重点民族院校。学校始建于1951年8月，受到毛泽东、周恩来、邓小平、江泽民、胡锦涛等几代党和国家领导人的亲切关怀而创立和不断发展，被党和国家特别是云南省委、省政府以及全省各族人民寄予厚望。几代民族大学师生不负重托，励精图治，经过近60年的建设尤其是最近几年的创新发展，云南民族大学已经成为我国重要的民族高层次人才培养基地、民族问题研究基地、民族文化传承基地和国家对外开放与交流的重要窗口，在国家高等教育体系中占有重要地位，并享有较高的国际声誉。

云南民族大学是一所学科门类较为齐全、办学层次较为丰富、办学形式多样、师资力量雄厚、学校规模较大、特色鲜明、优势突出的综合性大学。目前拥有1个联合培养博士点，50个一级、二级学科硕士学位点和专业硕士学位点，60个本科专业，涵盖哲学、经济学、法学、教育学、文学、历史学、理学、工学和管理学9大学科门类。学校1979年开始招收培养研究生，2003年被教育部批准与中国人民大学联合招收培养社会学博士研究生，2009年被确定为国家立项建设的新增博士学位授予单位。国家级、省部级特色专业、重点学科、重点实验室、研究基地，国家级和省部级科研项目立项数、获奖数等衡量高校办学质量和水平的重要指标持续增长。民族学、社会学、经济学、管理学、民族语言文化、民族药资源化学、东南亚南亚语言文化等特色学科实力显著增强，在国内外的影响力不断扩大。学校科学合理的人才培养体系和科学研究体系得到较好形成和健全完善，特色得以不断彰显，优势得以不断突出，影响力得以不断扩大，地位与水平得以不断提升，学校改革、建设、发展不断取得重大突破，学

科建设、师资队伍建设、校区建设、党的建设等工作不断取得标志性成就，通过人才培养、科学研究、服务社会、传承文明，为国家特别是西南边境民族地区发挥作用、做出贡献的力度越来越大。

云南民族大学高度重视科学研究，形成了深厚的学术积淀和优良的学术传统。长期以来，学校围绕经济社会发展和学科建设需要，大力开展科学研究，产出大量学术创新成果，提出一些原创性理论和观点，受到党和政府的肯定，以及学术界的好评。早在 20 世纪 50 年代，以著名民族学家马曜教授为代表的一批学者就从云南边疆民族地区实际出发，提出“直接过渡民族”理论，得到党和国家领导人刘少奇、周恩来、李维汉等的充分肯定并被采纳，直接转化为指导民族工作的方针政策，为顺利完成边疆民族地区社会主义改造、维护边疆民族地区团结稳定和持续发展发挥了重要作用，做出了突出贡献。汪宁生教授是我国解放后较早从事民族考古学研究并取得突出成就的专家，为民族考古学中国化做出重要贡献，他的研究成果被国内外学术界广泛引用。最近几年，我校专家主持完成的国家社会科学基金项目数量多，成果质量高，结项成果中有 3 项由全国哲学社会科学规划办公室刊发《成果要报》报送党和国家高层领导，发挥了咨政作用。主要由我校专家完成的国家民委《民族问题五种丛书》云南部分、云南民族文化史丛书等都是民族研究中的基本文献，为解决民族问题和深化学术研究提供了有力支持。此外，还有不少论著成为我国现代学术中具有代表性的成果。

改革开放 30 多年来，我国迅速崛起，成为国际影响力越来越大的国家。国家的崛起为高等教育发展创造了机遇，也对高等教育提出了更高的要求。2009 年，胡锦涛总书记考察云南，提出要把云南建成我国面向西南开放的重要桥头堡的指导思想。云南省委、省政府作出把云南建成绿色经济强省、民族文化强省和我国面向西南开放重要桥头堡的战略部署。作为负有特殊责任和使命的高校，云南民族大学将根据国家和区域发展战略，进一步强化人才培养、科学研究、社会服务和文化传承的功能，围绕把学校建成“国内一流、国际知名的高水平民族大学”的战略目标，进一步加大学科建设力度，培育和建设一批国内省内领先的学科；进一步加强人才队伍建设，全面提高教师队伍整体水平；进一步深化教育教学改革，提高教育国际化水平和人才培养质量；进一步抓好科技创新，提高学术水平和学术地位，把云南民族大学建设成为立足云南、面向全国、辐射东南亚南亚的高水平民族大学，为我国经济社会发展特别是云南边疆民族地区经济社会发展做出更大贡献。

学科建设是高等学校龙头性、核心性、基础性的建设工程，科学研究是高等学校的基本职能与重要任务。为更好地促进学校科学研究工作、加强学科建设、推进学术创新，学校党委和行政决定编辑出版《云南民族大学学术文库》。

这套文库将体现科学研究为经济社会发展服务的特点。经济社会的需要是学术研究的动力，也是科研成果的价值得以实现的途径。当前，我国和我省处于快速发展时期，经济社会发展中有许多问题需要高校研究，提出解决思路和办法，供党和政府及社会各界参考和采择，为发展提供智力支持。我们必须增强科学研究的现实性、针对性，加强学术研究与经济社会发展的联系，才能充分发挥科学研究的社会作用，提高高校对经济社会发展的影响力和贡献度，并在这一过程中实现自己的价值，提升高校的学术地位和社会地位。云南民族大学过去有这方面的成功经验，我们相信，随着文库的陆续出版，学校致力于为边疆民族地区经济社会发展服务、促进民族团结进步、社会和谐稳定的优良传统将进一步得到弘扬，学校作为社会思想库与政府智库的作用将进一步得到巩固和增强。

这套文库将与我校学科建设紧密结合，体现学术积累和文化创造的特点，突出我校学科特色和优势，为进一步增强学科实力服务。我校2009年被确定为国家立项建设的新增博士学位授予单位，这是对我校办学实力和水平的肯定，也为学校发展提供了重要机遇，同时还对学校建设发展提出了更高要求。博士生教育是高校人才培养的最高层次，它要求有高水平的师资和高水平的科学研究能力和研究成果支持。学科建设是培养高层次人才的重要基础，我们将按照国家和云南省关于新增博士学位授予单位立项建设的要求，遵循“以学科建设为龙头，人才队伍建设为关键，以创新打造特色，以特色强化优势，以优势谋求发展”的思路，大力促进民族学、社会学、应用经济学、中国语言文学、公共管理学等博士授权与支撑学科的建设与发展，并将这些学科产出的优秀成果体现在这套学术文库中，并用这些重点与特色优势学科的建设发展更好地带动全校各类学科的建设与发展，努力使全校学科建设体现出战略规划、立体布局、突出重点、统筹兼顾、全面发展、产出成果的态势与格局，用高水平的学科促进高水平的大学建设。

这套文库将体现良好的学术品格和学术规范。科学研究的目的是探寻真理，创新知识，完善社会，促进人类进步。这就要求研究者必需有健全的主体精神和科学的研究方法。我们倡导实事求是的研究态度，文库作者要以为国家负责、为社会负责、为公众负责、为学术负责的高度责任感，严谨治学，追求真理，保证科研成果的精神品质。要谨守学术道德，加强学术自律，按照学术界公认的学术规范开展研究，撰写著作，提高学术质量，为学术研究的实质性进步做出不懈努力。只有这样，才能做出有思想深度、学术创见和社会影响的成果，也才能让科学研究真正发挥作用。

我们相信，在社会各界和专家学者们的关心支持及全校教学科研人员的共同努力下，《云南民族大学学术文库》一定能成为反映我校学科建设成果的重要平台和展示我校科学研究成果的精品库，一定能成为我校知识创新、文明创造、服务社会宝贵的精神财富。我们的文库建设肯定会存在一些问题或不足，恳请各位领导、各位专家和广大读者不吝批评指正，以帮助我们将文库编辑出版工作做得更好。

二〇〇九年国庆于春城昆明

前　言

国内外学术界不乏关于银行脆弱性的相关研究，但是新的形势促使我们必须在已有的理论基础上以新的视角，广泛而深入地研究中国商业银行体系脆弱性问题。本书研究的出发点是，在当前严峻的经济环境中，找出中国商业银行脆弱性的原因，提出如何保证银行业稳定性的策略，以维持我国商业银行改革成果并发挥其金融推动力的作用，促进经济发展。本书认为，商业银行的脆弱性问题可以涵盖在三个主要的不确定性维度内：

一是当前经济与金融环境日益多变复杂，各类经济主体发展的不确定性较之以往愈发凸显。

二是在信用经济条件下，银行信贷交易的跨期性和流动性使得银行资产质量及流动性的真实性难以被觉察，潜在风险容易被掩盖。银行业中委托—代理关系的复杂性使得银行经营易受多种不确定性因素的影响，也就是说，银行业及银行产品的特殊性使银行经营的不确定性较之以往也愈发凸显。

三是当前银行业应对危机的解决方案是根据以往经验作出的选择，而这些经验在现今迅速变动的环境中日益缺乏适应性，其效果的不确定性较之以往愈发凸显。

本书通过对银行脆弱性经典理论及其渊源的考察，揭示了银行脆弱性理论的核心是不确定性，其实质是银行面临的不确定性及其如何应对的问题。在此基础上，通过对奈特、凯恩斯、哈耶克等经典不确定性思想进行梳理比较后，归纳总结出社会经济发展过程中应对不确定性的四种手段，即国家、市场、专业化组织及个人选择。各国由于本国的特殊国情，因而这四种应对不确定性的手段在各国的实际应用方式表现各异。对于银行来说，正是由于在经营过程中这些手段的运用方式、侧重点及程度的不同决定了各国银行发展模式及其脆弱性的特殊性。基于这种思想，本书结合中国经济发展的状况，重点研究了中国商业银行脆弱性的特殊性表现及其产生的特殊原因。

本书分为八章，其主要内容如下：

导论提出研究意义、总结了国内外研究动态，阐述了论文的研究目的、主要内容及创新点。

第一章　中国商业银行脆弱性的分析框架。从经济史的角度对金融及银行脆弱性经典理论进行了追本溯源式考察，揭示出不确定性思想同银行脆弱性理论有着紧密的联系。随后探讨了奈特、凯恩斯、哈耶克等关于不确定性的相关经济思想，归纳出个人、组织、市场及国家共同构成经济社会应对不确定性的一个完整体系，在此基础上构建中国商业银行脆弱性的分析框架。

第二章　中国商业银行脆弱性的特殊性分析。中国商业银行脆弱性表现出许多特殊性，如信贷资产的行业集中度过高、赢利结构单一、资产负债的期限错配日益明显等，最特殊的表现是大型商业银行具有一种“超稳性”。中国商业银行脆弱性的特殊性表现是由中国经济发展模式、经济及金融改革的特殊性、中国银行业的特殊性以及中国的社会制度、文化等多方面因素决定的。

第三章　被动积累机制：中国商业银行体系脆弱性的根源。通过把经济发展的AD模式和不确定思想结合起来，建立一个用以解释中国商业银行脆弱性根源的模型（即中国商业银行脆弱性的被动积累模型），并通过三个层次论证银行脆弱性被动积累机制：即经济增长的失衡与银行脆弱性的被动积累、财政政策的扭曲效应与银行脆弱性的被动积累以及货币政策对银行脆弱性被动积累的影响。

第四章　独立性视角下的中国商业银行体系的脆弱性。提出商业银行独立性的概念并指出其与中国商业银行脆弱性的密切关系。然后列举了影响商业银行独立性的一般性因素，并对中国的情况进行了实证分析。

第五章　中国商业银行脆弱性的外部环境因素分析。主要从三个方面论证影响中国商业银行脆弱性的重要外部因素：一是中国市场的法治环境；二是中国商业银行的外部企业环境；三是与银行相对的金融市场。

第六章　信息透明性担保与中国商业银行脆弱性。信息不透明是银行业脆弱的重要原因，增加信息透明度有助于降低不确定性，从而减弱其脆弱性。本章通过三个方面考察信息透明度不足对中国商业银行脆弱性的影响：一是商业银行公司治理结构与信息透明度的关系；二是中国商业银行监管过程中信息透明度问题；三是中国专业化组织的发展与银行信息透明度。

第七章　个人选择行为与中国商业银行脆弱性。通过对个人行为选择相关理论的梳理及总结，试图解释中国商业银行脆弱性模式形成的微观主体动机。在不同环境中个人行为如何选择风险分担的方式，对于投资、储蓄乃至一国整个金融体系的模式有着重要影响。中国特有的制度、文化等决定了中国人自身处理不确定性的可能方式，很大程度上影响了中国融资模式的形成以及中国商业银行脆弱性的模式。

第八章　结论及相关建议。通过归纳总结，得出结论：中国经济发展的 AD 模式决定了国家政府的作用及影响，也就决定了中国商业银行脆弱性问题的最大特殊性表现及根源。中国商业银行脆弱性最突出的表现在于其“超稳定性”。最后，本书有针对性地提出了一些建议。

目　　录

导　　论

本章详细论述了银行脆弱性相关研究的背景及意义、国内外研究动态，在此基础上提出本书的研究目的、主要内容及创新点。

第一节　研究背景及意义

商业银行体系对于我国金融业和实体经济的发展都具有举足轻重的影响。2006年，在国内非金融部门融资增量中，银行新增贷款占82.0%，国债占6.7%，股票占5.6%，企业债占5.7%；我国金融资产总额中，银行业金融机构占比高达72.8%，其余为中央银行占21.3%，保险业金融机构占3.3%，证券业金融机构占2.6%。由此可见，商业银行无疑是我国金融机构的主要组成部分。① 另外，从非金融部门的融资结构来看，从1992年到2006年，银行贷款、股票、国债及企业债等四个资金来源中，银行贷款的份额平均为80%以上。因此，商业银行体系发展是否良好，对于我国经济发展具有决定性影响。国际货币基金组织的统计表明，② 商业银行脆弱性是一个具有跨国性和多发性的问题。自1980年到1995年间，130多个国家，几乎占国际货币基金组织成员国的3/4，经历过银行业的严重问题。发展中国家和工业化市场经济国家，还有所有转轨国家都受到了影响。所以，研究商业银行体系的脆弱性，即商业银行体系面临的不确定性因素及其应对措施，对于我国经济及金融的稳定健康发展具有重要的意义。以下表1具体数据清楚反映了银行业在金融资源配置上始终处于绝对主导地位。

---

① 引用数据来自中国人民银行编写《中国金融稳定报告2007》。

② ［美］卡尔—约翰·林捷瑞恩、吉莲·加西亚、马修·I. 萨尔：《银行稳健经营与宏观经济政策》，中国金融出版社1997年版，第3页。

表 1　　1992—2007 年国内非金融机构部门融资结构变化情况

年份	贷款	股票	国债	企业债
1992	84. 8	1. 9	5. 0	8. 4
1993	89. 5	6. 0	4. 2	0. 3
1994	90. 4	2. 7	5. 9	1. 0
1995	95. 4	1. 1	7. 3	0. 0
1996	90. 8	2. 6	6. 6	0. 0
1997	84. 2	7. 9	7. 0	1. 0
1998	80. 4	5. 1	13. 6	0. 9
1999	77. 4	5. 6	16. 4	0. 6
2000	76. 3	10. 7	12. 6	0. 4
2001	75. 9	7. 6	15. 7	0. 9
2002	80. 2	4. 0	14. 4	1. 4
2003	85. 1	3. 9	10. 0	1. 0
2004	82. 9	5. 2	10. 8	1. 1
2005	80. 2	6. 6	3. 4	9. 8
2006	82. 0	5. 7	5. 6	6. 7
2007	78. 9	13. 1	3. 6	4. 4

资料来源：《中国银行业 2008 年度报告》，中国经济信息网，中国金融出版社 2009 年版。

一　商业银行体系脆弱性对我国经济的影响

自我国改革开放伊始恢复第一家专业银行（中国农业银行）起，到 2008 年已经形成了包括 17 家全国性综合商业银行、100 多家城市商业银行和十多家农村商业银行的商业银行体系。较为全面的银行体系为我国经济发展及社会稳定作出了重大贡献。但毋庸置疑，我国商业银行体系在发挥重大作用的同时，其自身资金效率低下、呆账坏账数目庞大等问题也格外令人担忧。

当前在全球经济一体化形势迅速发展的情况下，国际金融发展状况同过去相比有了巨大的变化，即金融管制放松，金融自由化程度不断提高。主要发达市场国家利率自由化基本已经完成，金融脱媒趋势开始明朗（美国已经相当明显。1994 年其银行在金融中介中所占的份额为 23%，远远低于德国、日本70%以上的份额占有率，[①] 金融市场迅速发展，传统银行业务不断萎缩，银行业混业经营、跨国经营成为发展的必然选择。而我国已经加入WTO，就意味着必须履行关于开放金融业的承诺。当前5年过渡期早已经结束，我国银行体系面临着跨国银行的强大竞争压力。相比于外资银行，我国商业银行由于制度及技术等层面的制约因素，使得银行体系总体上表现为赢利能力单一、金融创新乏力、风险规避技术落后。这些都导致在愈加开放的金融环境中，我国商业银行发展面临的不确定性因素大大增加，再考虑到我国商业银行防范及抵御风险的能力较差，这样一来，一方面我国商业银行面临的风险可能性越来越大，另一方面商业银行自身应对风险的能力又比较低下，所以整个商业银行体系便呈现出一种脆弱性状态。

根据已有的研究资料（如世界银行等研究资料）表明，脆弱的金融或银行体系在外部环境引发的冲击之下会导致金融危机的产生，从而造成经济动荡或衰退。银行体系的脆弱性会损害市场的有效运作和宏观经济政策的实施，这样的银行体系不仅不能为货币政策的有效实施提供必要的微观经济渠道，而且还会损害经济发展。对银行业来说，脆弱性会在微观和宏观两方面产生不利影响：在微观方面，因为单个银行的脆弱使其有动机以高利率吸收存款（道德风险），或者选择高风险交易（这在我国屡见不鲜），这种行为通过银行相互之间的联系会使整个银行体系的不确定性大大增强；在宏观方面，商业银行体系是货币政策信号的主要传导载体，货币政策的有效实施需要商业银行体系能够根据政策意图扩张或收缩资产负债总量，脆弱的银行体系会影响货币政策的工具和结果，影响货币当局制定和执行货币政策的能力。

二 新形势下研究商业银行体系脆弱性的意义

当前我国商业银行改革处于一个进退维谷的关键阶段。一方面，国家推动的商业银行市场化及股份制改革已经取得了一定的效果，如资产质量有所改善，银行竞争性得到一定程度的加强，资本充足率大大提高，坏账有所减少，银行抵御风险的能力有所增强等。另一方面，在银行领域还存在许多令

① 理查德·赫林、安瑟尼·桑特米罗（Richard J. Herring, Anthony M. Santomero）：《什么是最优金融监管?》，载北京奥尔多投资咨询中心《奥尔多投资评论（第三辑）》，中国财政经济出版社2006年版，第104页。

人不能忽视的问题。在银行业内部，很多市场化改革有其形而无其实，绝大多数银行在经营管理过程中行政化色彩依然浓厚，银行业垄断格局仍然未被打破，银行与国家及地方政府的不恰当的非市场化联系还较多。在银行业外部，国内外经营环境不容乐观：我国国内宏观经济形势变得更加复杂，在面临由基础商品价格上涨引发的通胀压力加大的同时，还要面临由居民消费需求不足及出口需求受到抑制等原因导致的经济增长乏力的大问题；世界经济形势景气不佳，世界主要经济体增长疲软，我国受其波及，主要行业的实际生产及销售（如房地产业等）都明显下滑，此外许多出口行业的中小企业更是步入困境，举步维艰。这对我国经济增长、就业、居民收入等指标的稳定维持造成不小的压力，必然会对银行的资产及负债业务产生消极作用。

综上所述，对我国商业银行脆弱性研究的现实价值在于：在当前内外经济的严峻环境中，找出商业银行脆弱性的原因何在，提出如何保证银行业的稳定的策略，以维持我国商业银行改革成果并发挥其金融推动力的作用，促进经济发展。

国内外学术界不乏关于银行脆弱性的相关研究，但是新的形势以及以往理论的不足，都促使我们必须在已有的理论基础上以新的视角，广泛而深入的研究中国商业银行体系脆弱性问题。

这次肇始于2007年，由美国次贷风波引发的金融海啸中，美国老牌投资银行的轰然倒塌及其对商业银行的连带影响引人关注。它给我们提供了一个反思的契机：美国一向坚持自由市场理念，其银行体系的经营及监管模式向来被当做典范，银行风险管理技术堪称世界一流，即便如此仍难逃厄运。近年来，我国在国家主导下的商业银行市场化改革，采取了一系列措施，如股份制产权改革、引进战略投资者、发行上市及推行风险管理模型等，改革效果显著，银行业发展有了很大进展。但其偏重技术性模仿的色彩鲜明，微观经济基础如银企关系、银行与政府之间的关系及金融基础设施等多方面存在制度缺陷。这种只重技术引进，不重制度变革的单兵突进式的银行市场化改革，其建设性效果令人置疑。中国的银行业怎样才能避免危机的发生？假如中国银行业发生危机，那么责任的承担①及善后

① 德国社会学家乌尔里希·贝克的风险社会理论的一个重要观点是：风险承担主体的确认（即风险的分担模式）是如何预防、规避及减少风险的重要前提，而不是倒过来。可参见本书第一章相关理论部分中乌尔里希·贝克的风险社会理论及其借鉴的有关论述。

措施该如何制定和实施？迄今为止，全球已经没有一个完美的银行业标杆，[①] 在此情况下如何把握今后中国银行业商业化改革的尺度？诸如此类与银行脆弱性紧密相关的问题非常值得深思。

诺斯在《制度、制度变迁与经济绩效》一书中明确表述："人类行为比经济学家（此处是指新古典经济学家）模型中的效用函数所包含的内容更为复杂。有许多情况不仅是一种财富最大化行为，而且是利他的和自我施加的约束，它们会根本改变人们实际做出选择的结果。"这说明经济主体的行为动机的复杂性和不确定性，银行作为经营特殊产品的企业，其行为是复杂而特殊的，因而这一点表现尤其明显。中国经济金融改革与发展的特殊性，使得中国商业银行的脆弱性的表现及原因与西方国家截然不同，已有的理论对此缺乏说服力。

在对这些问题进行思考的过程中，我们发现这些银行问题都可以涵盖在三个主要的不确定性维度内。

一是我们所处的经济及金融环境日益多变复杂，各类经济主体发展的不确定性较之以往愈发凸显。

二是在信用经济条件下，银行信贷交易的跨期性和流动性使得银行资产质量及流动性的真实性难以被觉察，潜在风险容易被掩盖。银行业中委托—代理关系的复杂性使得银行经营易受多种不确定性因素的影响，也就是说，银行经营的不确定性较之以往也愈发凸显。

三是当前银行业应对危机的解决方案是根据以往经验做出的选择，而这些经验在现今迅速变动的环境中日益缺乏适应性，其效果的不确定性较之以往愈发凸显。

第二节　研究目的、内容及创新点

一　研究目的及主要内容

（一）研究目的

银行脆弱性是一个历久弥新的研究课题。脆弱的银行体系在外部环境

---

① 英、美、德、法、日等发达国家的银行业也是问题层出不穷，世界著名大银行（如花旗、汇丰等）并不能独善其身。不少银行今天还为人们交口称赞，明天就可能倒闭。这也正是不确定性在银行领域中的最形象的注脚。

引发的冲击之下会导致金融危机的产生，从而造成经济动荡或衰退。银行体系的脆弱性会损害市场的有效运作和宏观经济政策的实施。这样的银行体系不仅不能为货币政策的有效实施提供必要的微观经济渠道，而且还会损害经济发展。在过去 30 年间，中国商业银行随着中国经济的迅速发展不断壮大，但也出现了许多令人担忧的问题。从本质上说，中国商业银行脆弱性问题是中国社会、政治及经济等诸多问题在银行领域中的反映或集中。基于这个理念，本书的研究目的就是紧密结合中国实际情况，从各个层面解释影响中国商业银行脆弱性不同于其他国家的特殊原因，从而为中国商业银行改革的下一步行动提供理论依据。

（二）主要内容

导论。本书的导论部分提出了本书的研究意义、总结了国内外研究动态、界定了研究对象的范围及主体行为模式的假设等，为后续研究提供了一个起点。

第一章重要概念的界定及相关理论的梳理。从经济史的角度对金融及银行脆弱性经典理论及其研究者进行了追本溯源式考察，发现不确定性思想同金融（或银行）脆弱性理论有着紧密的联系，甚至可以说是其核心思想来源。然后依次讨论了奈特、凯恩斯、哈耶克等关于不确定性的相关经济思想，并归纳出个人、组织、市场及国家构成了人类社会应对不确定性的一个完整体系。

第二章中国商业银行脆弱性的特殊性分析。中国商业银行脆弱性表现为许多特殊性，如信贷资产的行业集中度过高、赢利结构单一、资产负债的期限错配日益明显等，最特殊的表现是大型商业银行具有一种“超稳性”。中国商业银行脆弱性的特殊性表现是由中国经济及金融改革的特殊性以及中国银行业的特殊性等多方面因素决定的。

第三章中国商业银行脆弱性的被动积累机制。本章把经济发展的 AD 模式和不确定思想结合起来，建立一个用以解释中国商业银行脆弱性根源的模型（即中国商业银行脆弱性的被动积累模型），并通过三个层次论证银行脆弱性被动积累机制：即经济增长的失衡与银行脆弱性的被动积累、财政政策的扭曲效应与银行脆弱性的被动积累以及货币政策对银行脆弱性被动积累的影响。

第四章独立性视角下的中国商业银行体系的脆弱性。本章提出了商业银行独立性的概念并指出其与中国商业银行脆弱性的密切关系。然后列举了影响商业银行独立性的一般性因素，并对中国的情况进行了实证分析。

第五章中国商业银行脆弱性的外部环境因素分析。本章主要从三个方面论证影响中国商业银行脆弱性的重要外部因素：一是中国市场的法治环境；二是中国商业银行的外部企业环境；三是与银行相对的金融市场的状况。

第六章信息透明性担保与中国商业银行脆弱性。信息不透明是银行业脆弱的重要原因，增加信息透明度有助于降低不确定性，从而减弱其脆弱性。本章通过三个方面考察信息透明度不足对中国商业银行脆弱性的影响：一是商业银行公司治理结构与信息透明度的关系；二是中国商业银行监管过程中信息透明度问题；三是中国专业化组织的发展与银行信息透明度。

第七章个人选择行为与中国商业银行脆弱性。本章主要通过对个人行为选择相关理论的梳理及总结，试图解释中国商业银行脆弱性模式形成的微观主体动机。在不同环境中个人行为如何选择风险分担的方式，对于投资、储蓄乃至一国整个金融体系的模式有着重要影响。中国特有的制度、文化等决定了中国人自身处理不确定性的可能方式，这很大程度上影响了中国融资模式的形成，从而也就影响了中国商业银行脆弱性的模式。

第八章结论及建议。

二　本书的创新点

（1）通过对不确定思想的深入挖掘，拓展了银行脆弱性的内涵，揭示了其本质在于影响银行的不确定因素及其应对措施之间的动态关系。归纳总结了经济社会发展过程中四种应对不确定性的手段：即国家、市场、专业化组织及个人选择，并以此为基础，构建了中国商业银行脆弱性分析的新框架。

（2）从一个新的视角说明信息透明对于商业银行脆弱性的重要影响，即通过借鉴阿马蒂亚·森的经济发展理论中“信息透明性担保”概念，将其与不确定性思想联系起来，并结合“风险社会”、“公民社会”等社会学理论，通过三个方面考察信息透明度不足对中国商业银行脆弱性的影响：一是商业银行公司治理结构与信息透明度的关系；二是中国商业银行监管过程中信息透明度问题；三是中国专业化组织的发展与银行信息透明度。

(3) 通过借鉴国家经济发展的AD模式理论,结合中国的实际情况,构建中国商业银行脆弱性的被动积累机制模型,论证了中国商业银行脆弱性生成过程中的被动积累特征。本书从中国经济发展的赶超战略、粗放型经济增长方式、财政政策的扭曲效应等多角度与宏观层面分析了中国商业银行脆弱性被动积累的根源性因素;从中央和地方财政博弈的角度分析了地方政府干预商业银行经营的行为动机及实现条件;提出中国商业银行独立性缺失是其脆弱性的重要原因。

(4) 本书提出,企业的"二元极化结构"是中国商业银行不良信贷环境的重要影响因素。通过研究中国企业的市场结构的变化趋势,表明优质资源向国有企业集中,产生了在相关领域中国有企业相对于其他企业的优势地位,并且这种结构近年来得到了进一步的巩固和强化,造成了银行贷款集中,风险积聚。企业这种"极化的二元市场结构"对中国商业银行脆弱性有重要影响。

(5) 从个人行为选择的角度,指出社会文化、道德传统等因素对个体选择如何应对不确定性有重要影响。论证了中国特有的集体主义制度及传统文化决定了中国以管理整体性风险为主的风险管理模式,从而产生了中国商业银行脆弱性模式的独特类型。

第三节 研究动态

一 国内研究综述及评价

国内关于银行脆弱性研究的文献较多,主要集中在2000年到2008年之间。从研究内容上看,主要分为两大类:一是研究银行脆弱性产生的原因;二是关于银行脆弱性的实证分析。本书选取有代表性研究成果,进行简述并加以评析。

(一) 关于银行脆弱性产生原因的研究

刘明兴和罗俊伟(2000)针对亚洲金融危机爆发前夕,东亚七国银行信贷和企业关系的一个实证分析①发现,在金融危机爆发前这几个国家的银行贷款/GDP和信贷增长幅度大幅上升,表明信贷迅速扩张;但同时企

① 刘明兴、罗俊伟:《东亚国家企业和银行部门的脆弱性》,《亚太经济》2000年第6期,第8—12页。

业的资产收益率（ROA）和股本收益率（ROE）显著下降，并且伴随着企业的财务杠杆比率（企业总债务/企业股权）迅速上升，表明企业赢利能力的下降和还债风险的增大。他们的研究成果说明传统的银行脆弱性的周期理论对现实依然具有较好的解释力。

黄金老（2001）认为中国金融脆弱性的主要原因在于金融、经济改革的不规范性与不彻底性。具体体现在：（1）金融企业（国有商业银行）制度改革的不彻底性。（2）国有商业银行与国有企业之间的软约束关系。（3）金融监管行为的扭曲，这主要是指两方面：一是习惯于计划性、行政性的管理模式，而没有注意到市场经济已有一定程度的发展；二是对金融机构正常的业务创新与违规经营不加区分，行政性的监管往往窒息了金融机构的生机。（4）难以规避的政府干预。（5）法制精神与信用文化的缺失。[①] 中国的金融脆弱性主要体现在银行方面，因此黄金老关于中国金融脆弱性的研究，很大程度上是在研究国有商业银行的脆弱性。黄金老关于国有银行脆弱性原因的分析是比较全面、深入的，但要指出的是，黄金老研究针对的是20世纪90年代末的情况，这几年中国企业改革、银行改革和监管机构及其体制都有了很大的变化，因此对于商业银行体系脆弱性的原因有必要在新的历史条件下进行分析论述和深化。

王国松（2004）认为，在经济制度变迁中，中国选择了政府主导型经济发展战略和金融控制政策。我国实施的金融控制政策虽然促进了经济增长和金融发展，但是金融政策同时创造了政策租金，激励了国有商业银行的信贷扩张，加上缺乏合理的产权结构和治理结构的支持以及存在的政府隐性担保，从而产生了严重的道德风险，加剧了国有商业银行的金融脆弱性。[②] 本书认为，王国松关于国有银行脆弱性的制度原因分析，即政府主导型经济发展战略和金融控制政策的分析是清晰有力的。

朱小宗和张宗益（2004）主要从我国银行风险积聚的角度来说明银行业脆弱性产生的原因，他们把银行风险积聚的原因归于四点：一是银行资产的特殊性（长短期资产的匹配等）及银行业的特殊性（高杠杆性、挤兑的发生等）；二是我国国有银行的产权制度；三是信息不对称产生的委

① 黄金老：《金融自由化与金融脆弱性》，中国城市出版社2001年版，第327—337页。

② 王国松：《制度变迁与国有商业银行的金融脆弱性》，《商业经济与管理》2004年第8期，第53—57页。

托—代理问题（其实这和第二点有重合）；四是外部环境的影响。①

任再萍和赵自兵（2005）认为，企业对于负债的需求往往超出其最佳资本结构，当一个企业向一个以上的银行借款时，风险从最后一个贷款银行开始向前依次不断增大，并且累积，一旦企业出现债务问题，债务链将中断，最终会导致银行业危机。② 这种结果得以出现的必要条件是：（1）银行的贷款行为主要根据企业以前的信用记录；（2）银行的竞争会加剧银行体系的脆弱性。本书认为这基本上是明斯基金融脆弱性理论的观点。

张五钢（2007）从国家的效用函数及改革进程角度着手进行研究，认为中国国有商业银行的脆弱性是一种极为复杂的混合型脆弱性，既有市场经济国家中的商业银行市场脆弱性的共通性，又有表现为中国特点的体制性的脆弱性。随着非国有经济部分在我国经济总量中所占份额的逐步提高和经济体制的成功转型，经济市场化程度越来越高，四大商业银行的特殊脆弱性必然向一般意义上商业银行的脆弱性转换，其管理也纳入市场条件下一般意义上商业银行脆弱性的管理。③ 张五钢注意到中国国有商业银行的脆弱性主要是一种体制性脆弱，本书认为这种结论是成立的；但是，他关于"国有商业银行的体制性脆弱性必然减少"的论述过于简单。事实上，我国的商业银行管理现状是，国家对于国有商业银行的控制并未减少，"国进民退"在银行业中依旧明显。

除上述研究成果表明的因素之外，还有许多研究指出，原国有商业银行不良资产是商业体系银行脆弱性的一个重要根源。

总之，商业银行由于自身行业和资产的内在特性（银行高负债性及银行系统复杂的债权债务关系等）以及外部因素（如外部制度、信息等）而产生的各种各样的风险，加大了整个银行体系的不稳定性，即脆弱性。

（二）关于实证方面的研究

刘卫江（2002）用通货膨胀率、财政赤字占 GDP 比重、投资和消费的周期性波动为判断依据，结合历史事件认为 1985—2000 年 16 年间有 6

① 朱小宗、张宗益：《信用风险与我国银行业的脆弱性》，《投资研究》2004 年第 1 期，第 45—47 页。

② 任再萍、赵自兵：《金融脆弱性的微观视点：银行授信外部性与企业负债剩余假说》，《国际金融研究》2005 年第 11 期，第 29—34 页。

③ 张五钢：《国有商业银行的脆弱性特征及其演变趋势》，《金融理论与实践》2007 年第 2 期，第 39—41 页。

年中国银行业是不稳定的，并以此作虚拟变量的判定基础，用多元 LOGIT 回归方法分析了银行脆弱性的原因，认为：（1）宏观经济变量中，消费增长率、实际利率的变动以及投资的增长率都与银行脆弱性显著相关，而实际汇率的变动与财政赤字占 GDP 的比重也在不同程度上有弱显著相关。而物价平减指数与国内产出 GDP 的增长和银行脆弱性相关性很低，而单位资本的实际 GDP 在方程中也均有不同程度的弱显著相关性。（2）金融变量在不同的回归方程中均不显著相关。（3）我国的银行体系的脆弱性受到外部冲击的影响较小，主要受制于国内的深层次上的制度因素的影响。① 首先应该指出该文章结合历史事件和宏观经济变量对银行脆弱性进行判断的方法值得借鉴，但是本书认为对于我国银行体系脆弱性的考察不能在很长的时间段内用一个模型一概而论，否则必然会出现结果说明与事实不符的现象。比如，刘卫江自己也注意到财政赤字占 GDP 的比重与银行体系脆弱性弱显著相关似乎与事实不符。的确，1978—1985 年以前我国历次经济波动与财政赤字融资密不可分，尽管 1984 年以后银行信贷扩张成为我国经济波动的重大来源，但直到 1994 年国家进行金融体制改革时才停止中央银行用直接融资的办法弥补政府财政赤字。由此可以断定，在此之前，财政赤字依然会对银行体系脆弱性有较大影响。② 不过总的说来，该文对我国银行体系的脆弱性分析是比较典型的，以后国内文章的分析方法基本上没有超出该文的分析框架。

陈华、伍志文（2004）运用 1978—2000 年间的数据对我国银行体系脆弱性状况进行了量化分析。他们依据国外研究选取了一系列的宏观变量和微观变量应用映射区间法和回归等方法，结果发现，中国整个银行体系在 1978—2000 年之间有 11 年是不稳定的，尤其是在 1992 年和 1998 年前后更为突出，银行体系出现了不稳健的征兆，存在较大的金融风险。③ 但

① 刘卫江：《中国银行体系脆弱性问题的实证研究》，《管理世界》2002 年第 7 期，第 3—11 页。

② 在后续研究中，本书的模型分析表明，财政问题（尤其是地方财政赤字的弥补）在 1994 年改革后对中国商业银行脆弱性的产生具有决定性影响作用。另外，近年来的历史表明，政府在“拨改贷”后还可能失信重新进行财政融资，如 2004 年“出口退税账户托管事件”。详细情况可参阅李扬、刘煜辉《中国城市的金融生态研究》。总之，这些都说明财政是中国银行问题的一大要害，是分析的重点。

③ 陈华、伍志文：《银行体系脆弱性：理论及基于中国的实证分析》，《数量经济技术经济研究》2004 年第 9 期，第 120—135 页。

是，他们所应用方法是一系列综合指标的临界值的确定，但似乎没有得到很好的解决。正如文中所说："关于银行系统若干脆弱性指标及临界值的几点说明：一是关于衡量脆弱性程度的界限值的确定，主要参考了国际通用标准和一些专家学者的研究成果，同时有个别指标是根据历史数据先计算出平均值，然后依据偏离度来确定其安全性。"这种模糊的说法，首先，很难令人信服。其次，从计量方法上考虑，在1978—2000年如此长的一段时间内直接运用回归模型而不考虑经济结构变动，其结果的可信度也要大打折扣。再次，根据国外研究而选取的指标是否适用于中国特殊制度下的银行行为，这是类似实证研究很难逾越的一个关键性问题。

范红波（2004）运用Logit模型对影响国有商业银行经营稳健性的宏、微观因素进行实证检验（1985—2002），得出以下结论：（1）宏观经济因素对国有商业银行体系脆弱性的影响比微观因素显著；（2）宏微观因素间具有一定的互补性。[①] 这个结论比较有意义，并且与实际情况相符。中国商业银行（包括国有商业银行和股份制商业银行）的行为受宏观因素的影响的确要明显强于微观因素的影响，这是与西方国家商业银行很不同的一点。

李卫群（2006）运用不良贷款增加率作为衡量银行体系脆弱性的被解释变量，以资本账户开放度、通货膨胀率、金融机构新增贷款、新增固定投资和宏观经济景气度为解释变量进行多元回归分析，认为国有商业银行脆弱性与中国资本账户开放呈显著的负相关关系，与（t-1）期的金融机构新增贷款呈显著的正相关关系。[②]

袁德磊和赵定涛（2007）参考了范红波一文中的方法，选择4个核心指标：不良贷款率（Z1）、全国贷款增长率（Z2）、通货膨胀率（Z3）、资本充足率（Z4），设Z=［Z1+Z2+Z3+（8%-Z4）］/4。然后对1985—2005年的国有商业银行脆弱性进行判断，认为国有商业银行脆弱性程度呈现先上升后下降的趋势，近两年的脆弱性程度已经降到历史最低点。[③]

---

① 范红波：《国有商业银行体系脆弱性的实证分析和政策建议》，《金融论坛》2004年第7期，第3—9页。

② 李卫群：《中国资本账户渐进开放与银行业脆弱性的实证分析》，《统计研究》2006年第7期，第28—31页。

③ 袁德磊、赵定涛：《国有商业银行脆弱性实证研究（1985—2005）》，《金融论坛》2007年第3期，第38—44页。

（三）对国内相关研究的总结及评述

综上所述，国内关于银行脆弱性的研究中不乏真知灼见，特别是关于银行脆弱性产生的制度因素的相关分析，如黄金老、王国松等。不足之处主要体现在以下三点：（1）背景发生了大变化。首先，银行体系商业化进一步加大，相比于从前还是有很大不同。以往的研究大多数都是针对国有商业银行的。尽管国有商业银行仍然是中国商业银行体系的主体，但其本身影响力有所减小，其他股份制商业银行影响力逐渐增大。并且，国有商业银行的股份制改革使其行为与以前相比具有新的变化。其次，宏观的政治、经济都发生了较大变化。（2）在研究广度上不够。在分析银行脆弱性的原因时，大多局限于银行领域或金融领域内做文章，很少有较开阔的分析，不利于理解问题的根源性。（3）在研究深度上不足。对于中国银行行为的理解大多只是套用西方信息经济学理论，这显然对中国的商业银行来说不是很具有说服力。总体上说，没有突破国外既有的研究框架，对中国特殊性因素的分析深度还有所欠缺。

二　国外研究综述及评价

（一）关于商业银行脆弱性的早期研究

关于银行体系脆弱性问题的研究最早可以追溯到马克思，针对1877年经济危机中银行大量倒闭的现象，他提出了“银行体系内在脆弱性假说”，认为银行体系加速了私人资本转化为社会资本的进程，但同时由于银行家剥夺了产业资本家和商业资本家的资本分配能力，使自己也成为引起银行危机的最有效工具，加之其趋利性，虚拟资本运动的相对独立性，为银行信用崩溃创造了条件。这是从信用制度的角度来分析银行脆弱性。①

美国经济学家凡勃伦进一步发展了该假说，1904年他提出了“金融不稳定假说”。凡勃伦在《商业周期理论》和《所有者缺位》中认为：一是证券交易的周期性崩溃在于市场对企业的估价依赖于并逐渐脱离企业的赢利能力；二是资本主义的经济发展最终导致社会资本所有者的缺位，结果其本身内在地存在周期性动荡力量，这些力量主要地集中在银行业中（T. Vebaln，1904）。

费雪根据对1929—1933年金融大危机的亲身体会，1933年提出了

① 马克思：《资本论》第3卷，人民出版社1975年版，第570页。

“债务—通货紧缩模型”。他认为银行体系的脆弱性与宏观经济周期密切相关，尤其是与债务的清偿紧密相关，是由于过度负债引起债务—通货紧缩过程的金融事件引起的。按照费雪的观点，银行体系脆弱性在很大程度上源于经济基础的恶化，这是从实体经济中的经济周期问题来解释银行体系脆弱性。

（二）关于商业银行脆弱性的现代研究

商业银行脆弱性的现代研究主要是在20世纪80年代到90年代，代表人物是海曼·明斯基（Hyman P. Minsky，1982）和克瑞格（J. A. Kregel，1997）。

当前，学术界公认，对于金融体系内在不稳定及其经济影响，最早进行正式研究并最有影响的是美国经济学家海曼·明斯基（Hyman P. Minsky，1919—1996）。他的理论被称为金融脆弱性假说（或金融不稳定假说）。考虑到明斯基早期研究所处的历史时代（20世纪60年代）：当时，美国在大萧条之后金融市场及非银行金融中介一度式微，直到70年代以后。所以，明斯基关于金融脆弱性的研究主要是针对信贷市场中的银行、企业的关系及其与经济周期之间的相互影响。并且，以后研究银行脆弱性文章基本上都受其影响。因此，我们有理由认为明斯基的金融脆弱性理论事实上主要是关于银行脆弱性的经典理论。下面对该理论进行简单的陈述和总结。

作为后凯恩斯货币学派经济学家，明斯基关于金融脆弱性的研究受到凯恩斯理论的极大影响。明斯基认为：作为经济理论，金融脆弱性假说是对凯恩斯通论的实质（或本质）的一种解释（Hyman P. Minsky，1992）。① 他认为凯恩斯提到了金融体系的不稳定性，② 但是没有系统分析金融因素在周期变动中的作用，尤其是忽略了债务结构对各经济主体行为的影响。因此，他认为，必须在凯恩斯“以投资为中心解释经济周期”的理论框架中融入“投资的金融理论”，并考虑金融制度及其变化，才能更好地分析投机性投资热潮的产生（Charles J. Whalen，1999）。③ 明斯基强调了企业和银行间融资关系对投资的影响。因此，金融脆弱性假说是一个关于负债结构对系统行为

① Hyman P. Minsky, “The Financial Instability Hypothesis”, The Jerome Levy Economics Institute of Bard College Working Paper No. 74 (May 1992).

② 凯恩斯认为金融体系乃至整个经济体系的不稳定来自于投资波动。

③ Charles J. Whalen, “Hyman Minsky's Theory of Capitalist Development”, Working Paper of Institute for Industy Studies, Cornell University (47、50) (August 1999).

影响的理论，它包括负债的有效方式。具体说来，明斯基认为在经济运行过程中，存在三种截然不同的经济单位的收入—债务关系（或融资方式），即抵补型、投机型和庞兹型（hedge，speculative，and Ponzi finance）。经过一段好的发展时期后，资本主义经济中的抵补型融资单位占大比例的金融结构转化为投机型融资单位及庞兹型融资单位占较大比例的不稳定结构。如果一个经济体系中具有相当多的经济单位是投机型，那么它是处于通货膨胀的状态，而此时政府会通过货币紧缩政策抑制通胀。由于融资成本的增加，投机型经济单位会向庞兹型经济单位转化。随后而来的现金流的下降会使经济单位被迫出卖资产，这很可能导致资产价格的崩溃，① 进而引发所谓费雪债务—通货紧缩过程。Jan Toporowski（2006）也认为：明斯基的大部分理论是考察公司投资行为引发的金融负债结构的后果，他坚持20世纪30年代的经典理论，将宏观经济的波动归咎于商业投资行为。② 明斯基本人还认为，所谓脆弱性就是指只要有一个较小的刺激因素，金融体系就会有很大的反应。一个脆弱的结构是不稳定的结构。③ 理卡多·库勒费罗（Riccardo Bellofiore）和皮罗·费瑞（Piero Ferri）（2001）认为，明斯基的金融脆弱性假说是指金融体系在经过一定时期平缓增长到变得有活力之后，公司和银行的负债结构会自然地趋向于脆弱，然后由此引发危机，甚至是萧条的产生。其理论的政策含义是政府和中央银行的主动干预能够减轻资本主义体系的脆弱性。原因有二：其一是政府财政预算赤字和中央银行都可以起到最后贷款人的作用；其二，政府和中央银行对金融业务的管制有助于监督经济体系中的负债结构，并且可能阻止货币收益的下滑趋势。而收益对于债务清偿力和资本资产的价格来说是关键变量。④

意大利经济学家克瑞格（J. A. Kregel）（1997）借助明斯基关于“安全边界”的概念对金融脆弱性从银行角度进行了解说。他认为，银行脆弱性是

---

① Hyman P. Minsky，“The Financial Instability Hypothesis”，The Jerome Levy Economics Institute of Bard College Working Paper No. 74（May 1992）.

② Jan Toporowski，“Methodology and Microeconomics in the Early Work of Hyman P. Minsky”，The Levy Economics Institute Working Paper，2006.

③ Hyman P. Minsky，“Finance and Stability：The Limits of Capitalism”，The Jerome Levy Economics Institute of Bard College Working Paper No. 93（May 1993）.

④ Edited by Riccardo Bellofiore and Piero Ferri（Department of Economics，University of Bergamo，Italy），“Financial Fragility and Investment in the Capitalist Economy”（The Economic Legacy of Hyman Minsky，Volume II），Published by Edward Elgar Publishing Limited（UK）2001.

建立在安全性边界基础上的，即银行安全边界的缓慢且不可见的被侵蚀就产生了脆弱性。而安全边界的降低在于银行评估贷款风险的方法是根据经验规则，即用过去记录评价未来。[①] 对于"安全性边界"概念，我们有必要在这里进行简单的说明。所谓安全性边界，对于借贷双方都存在，并不仅指银行单方拥有。其设立是为了借贷双方保证各自资产的流动性。银行向公司贷款的基本边界条件是总收入（gross earnings）和用现金支付的成本之间的差距，即毛利润。这依赖于银行对公司未来收入状态的预期估计，那么是否贷款就取决于预期状态的好坏。具体来说就是估计在未来一段时期内公司的现金流入和现金流出的差距（这个差距应该包含应偿还的本金、利息及股利等内容），如果是净流入则可能获得贷款，如果是净流出则不能获得贷款。对于确定未来收益预期来说最重要的是长短期利率和再融资情况。[②] 所以，安全性边界的核心是经济主体净现金流的流入与流出，这取决于未来收入预期。查理斯·P. 金德尔伯格认为：明斯基认为金融系统是不稳定的。并且，与费雪一样，明斯基认为债务结构在导致财务困难的过程中起着很重要的作用，尤其是杠杆债务合约，它依靠举债获得旨在再次出售获得高额收益的投机资产。根据明斯基的分析，危机往往始于"外部冲击"[③]。这个解说同明斯基本人关于脆弱性的定义是一致的。

明斯基理论的核心是"双价格体系"模型和收益驱动机制。

1. 收益驱动机制

在明斯基的理论框架中，资本收入的税后收益和债务的现金支付是非常重要的关系。已实现的收益用来应付现金支出（债务、成本等），未来收益（预期收益）则是影响投资的重要敏感因素。因此，充足的已有收益和预期收益对于公司偿还到期债务以及获得新的资金是非常重要的。正因为收益的决定和分配对于投资需求债务偿还和资本资产价格是非常重要的，所以收益应该是经济发展和金融体系的关键变量。

2. 双价格模型

该模型用来解释投资的决定因素。具体来说，当前产出价格包括消费

---

① J. A. Kregel, "Margins of Safety and Weight of the Argument in Generating Financial Fragility", Journal of Economic Issues, Vol. XXXI, No. 2, June 1997, pp. 543 - 549.

② 同上。

③ ［美］查理斯·P. 金德尔伯格：《经济过热、经济恐慌及经济崩溃》，朱隽、叶翔译，北京大学出版社 2000 年版，第 7、16 页。

品和投资品价格。生产者根据在短期内对于产品的成本和需求的预期制定价格以弥补成本，并获得盈余。盈余减去营业间接成本就得到了毛利润。资本的总收入与现金支出总额（包括负债和股利等）的差距就决定了内部融资的最大规模。如果实际投资超过内部融资额，公司需要获得新资本和新负债。而新资本的供给价格就必须体现贷款者的风险（即公司旧债未被偿还，新债又产生，新投入资金的损失可能更大一些），其结果就是投资品价格升高。高杠杆意味着高风险和高价格。对于给定长期预期的贷款者而言，投资品的供给价格曲线是向上倾斜的。公司杠杆率越高，贷款者制定的融资协议条款越严格，曲线的斜率越陡峭。投资函数的供给价格线的形状由货币市场和金融市场（包括货币供给和流动性资产状况）以及流动性偏好决定。因为这些因素决定着融资协议和借贷双方的安全边界。如果短期预期（现金的流入流出、获得新资金的可能性等）不确定，那么长期预期就会改变，从而导致资本资产的价值。资本资产价格相对于产出价格更具独立性和不稳定性。

金融脆弱性理论认为，经过一段好的发展时期，经济结构会内生性地由充满活力转向脆弱，一旦出现一定数目的脆弱机构，那么经济发展容易出现债务紧缩。这是资本主义经济行使正常功能所带来的必然结果。其对策是中央银行的流动性救助和政府财政的收入就业效应，这虽然不能杜绝金融脆弱性，但能够减轻其后果。

显然，明斯基强调和深化了凯恩斯关于经济中投资重要性的观点。公司投资总额受到银行信贷的限制，公司和银行两者之间债务结构关系在经济周期中的变化是银行及整个经济体系衰退的原因。而中央银行通过最后贷款人功能和对金融部门的管制有助于防止银企之间债务结构的恶化，从而有利于减轻银行脆弱性。结合以上的论述，我们对银行脆弱性定义应该是从多方面进行理解：首先，它指银行体系的一种不稳定状态，在这种状态下只要有一个较小的外部刺激，银行体系就会有很大的波动；其次，银行体系的不稳定状态是宏观经济发展和微观经济主体行为的共同结果，在微观上，经济主体（即单个银行）的脆弱性程度可以通过净现金流状况（即安全性边界）来衡量。

（三）关于商业银行脆弱性的其他研究

总的说来，早期及经典的银行脆弱性理论主要是针对宏观经济层面中企业和银行之间的关系，并结合经济周期变动来说明银行体系的脆弱性，但缺乏银行微观个体行为、银行公司治理结构等方面对银行脆弱性影响的研究，并且其研究基本上仅限于信贷市场。为弥补这些缺陷，20 世纪 80 年代到 90 年代，不少学者从其他角度对银行脆弱性进行了研究。

1981 年，斯蒂格利茨和韦斯（Stiglitz and Weiss）分别论述了逆向选择和道德风险与信贷配给的关系。不对称信息信贷配给均衡模型可以直观说明如下：在信贷市场，作为贷款人的银行与借款人的企业之间的关系是委托—代理关系。企业作为资金的使用者具有信息优势地位，而银行则相对处于信息劣势地位。由于道德风险和逆向选择，银行贷款风险增大，在其他条件不变（主要是指银行风险状态没有减小）时，银行将会保持一定的贷款利率，但对贷款进行配给限制。总之，逆向选择行为和道德风险行为使银行贷款的平均风险上升。

1983 年，戴蒙德和迪布维格（Diamond and Dybvig）提出关于银行挤兑的 D—D 模型。他们认为，银行提供期限转换机制，借短贷长，这种独特的经营使得银行部门可能处于“挤提式”平衡之中。该研究指出，对银行的高度信心是银行部门稳定性的源泉，银行系统的脆弱性主要源于存款者对流动性要求的不确定性，以及银行资产流动性的缺乏。而不对称信息的存在，将使个体存款人在感觉银行有较大问题时，尽可能快速向银行提出满足其流动性的要求，这将导致银行挤兑。

1996 年，考夫曼（Kaufman）指出，银行在财务上具有很高的“杠杆效应”，与非金融机构相比，银行等金融机构可以有更低的资本资产比率，这使银行能够为损失提供补偿的空间变得很小。① 另外，由于银行现金资产比率较低，其承受债务清偿的能力也要比非金融机构弱。

1996 年，格林威（D. Greenaway）等研究表明，一个安全和稳健的银行体系是实体经济稳定的必要条件，而银行储备资产比率的变化对货币供应有着重要的影响。银行体系本身具有的脆弱性需要由国家出面提供出款保险以减少挤兑的发生，但这种帮助也会加强金融市场上的逆向选择。

1998 年，麦金农（Mckinnon）和皮尔（Pill）的研究强调了过度借贷的影响，当非银行部门出现盲目乐观时，会出现信贷膨胀导致宏观经济过热的现象。从而使得银行体系变得不稳定。

---

① Kaufman, Gorge, 1996, “Bank Fragilty: Perception and Historical Evidence”, Chicago: Federal Reserve Bank Of Chicago.

1998 年，阿斯里·德米尔古克—肯特（Asli Demirguc-Kunt）和恩瑞卡·德崔吉奇（Enrica Detragiache）在《金融自由化和金融脆弱性》（Financial Liberalization and Financial Fragility）一文中，利用来自国际信用评级有限公司（IBCA）的《银行概览》数据，证明金融自由化能够降低银行特许权价值，而这进一步使银行资本收益率永久性降低和流动性比率更低，从而加大了银行脆弱性。①

（四）对国外相关研究的总结和评述

形成银行脆弱性的原因很多，西方经济学家主要从信息不对称、资产价格波动及金融自由化等几方面来剖析银行脆弱性的原因。

1. 信息不对称与银行脆弱性

银行等金融机构的产生在一定程度上减少了信息不对称的现象。这是因为当最终贷款人将他们的资金集中到银行时，他们就委托了银行作为代理人对不同的借款人实施不同的对待，即根据相对风险大小来对贷款进行定价。斯蒂格利茨和韦斯（Stiglitz and Weiss，1981）指出，作为金融中介的银行在融资中起着独特的、重要的信息作用，这是因为银行消除了借款人和贷款人之间直接进行交易时所产生的信息不对称，能够识别潜在的客户并对客户进行监控，此外银行提供的债务合同避免了“免费搭车”的现象。因此，银行在一定程度上能够削弱信息不对称的不利影响。但是，商业银行的这种作用受到两个前提条件的限制：一是存款者对银行的信心，只有存款者不同时提款，才能使银行机构将零散存款人的流动负债转化为对借款人的非流动债权；二是银行对借款人的筛选和监督是高效率的，并且是无成本或至少是低成本的。由于信息不对称的存在，这两个条件的成立并不是绝对的，这样便产生了银行的内在脆弱性。

2. 资产价格的波动与银行脆弱性

许多经济学家都已经注意到资产价格的波动与金融市场的脆弱性有密切关系，如凯恩斯（1936）的“乐队车效应”描述了投机心理与股市波动的关系；金德尔伯格（1978）认为，市场集体非理性行为导致的过度投机对资产价格有巨大影响，因此过度投机足以引起股市的过度波动；L. Roger 和 S. Stacey（2001）建立了一个有关金融脆弱性的动态随机博弈

① Demirg-Kunt, A. and Detragiache, “Financial Liberation and Financial Fragility”, Policy Research Working Paper Series 1917, The World Bank 1998, 9.

模型，用以说明证券市场的波动对金融市场的影响。总之，资产价格波动会直接影响金融市场。而金融市场（特别是证券市场）会通过财富效应、信号传递效应等影响银行的资产负债表，继而影响银行的存款人及借款人行为，所以资产价格的不利波动会加剧银行的脆弱性。

3. 金融自由化与银行脆弱性

在这方面，最具代表性的研究是阿斯里·德米尔古克—肯特和恩瑞卡·德崔吉奇（Asli Demirguc-Kunt and Enrica Detragiache）（1998）的《金融自由化和金融脆弱性》（Financial Liberalization and Financial Fragility），表明金融自由化会加剧一国的金融及银行脆弱性。具体表现形式有多种：一是利率自由化会通过利率风险加剧银行脆弱性；二是混业经营会由于银行参与证券业，市场风险急剧增加加剧银行脆弱性；三是金融创新与银行脆弱性，金融创新带来的衍生工具由于涉及环节众多，信息不透明，加之监管不到位，从而使得参与银行发生债务危机的概率大大提高，银行脆弱性也随之加剧。

第一章　中国商业银行脆弱性的分析框架

本章的目的在于，从不确定性思想的角度构建中国商业银行脆弱性的分析框架。本章分为三个部分进行框架的构建。第一部分通过辨析、比较，对重要核心概念，如不确定性、风险及银行脆弱性等做了详细的界定。第二部分是对构建本章分析框架的一些重要理论的论述。主要论述了奈特、凯恩斯、哈耶克等关于经济发展中的不确定性思想，以及阿马蒂亚·森和乌尔里希·贝克的相关思想理论。第三部分是在以上分析的基础上提出中国商业银行脆弱性的分析框架。

第一节　核心概念的界定

一　不确定性和风险

鉴于这两个概念之间有紧密的联系，有时还被混用，因此清楚地界定它们，对于本书的理论脉络有重要的意义。

1. 不确定性

对于不确定性，奈特有句很形象的话：“希望做得对，或尽可能解决问题，并不能归类为指望得到什么特殊的结果。”[①] 凯恩斯则间接地对不确定性作了说明：“所谓‘不确定的’知识，让我来解释，我并不仅仅是要区分那些已知的东西与仅是可能的东西。在这种意义上说，轮盘赌游戏并不具有什么不确定性……我是在这样一种意义上使用不确定性这个词的，即欧洲战争的前景是不确定的，20 年后的钢价和利息率，或某种新发明将在什么时候过时是不确定的……关于这些问题，没有任何科学基础可借以

① ［美］弗兰克·H. 奈特：《风险、不确定性与利润》，安佳译，商务印书馆 2006 年版，第 7 页。

形成任何可计算的概率。我们干脆什么也不知道。”① 哈耶克在方法论思想中强调了复杂性的概念，认为在社会领域中，只可能进行“漠视预测”。也就是说，由于社会领域的复杂性，我们只能预测大致的方向和框架的规则。这实际上是在说明社会经济发展中的不确定性。黄奕林和赵爱华（1997）总结了相关文献，认为不确定性是指以经济行为主体面临的直接或间接影响经济活动的外生和内生因素，无法准确地加以观察、分析和预见。②

2. 风险

关于风险的概念，在经济学和社会学中说法不同，需要加以辨别。

首先，在经济学中风险通常是指经济主体遭受损失的可能性，这种可能性能够用概率表示出来。

其次，在社会学中对风险的定义不仅是不尽相同的，而且由于国别及文化的差异，结果差异很大。风险决策和风险知觉的跨文化研究是近几年兴起的一个研究热点。风险认知文化差异研究所关心的问题是：不同文化下人们的风险认知结构是否有所不同，风险的概念是否有差异，不同风险特征的复杂性是否有所变化等。对现代社会风险问题研究比较有代表性的是德国社会学家乌尔里希·贝克，他认为：风险是一种应对现代化本身诱发并带来的灾难与不安全的系统方法。或者是预测和控制人类行为未来后果的现代方式。③ 可见，贝克的风险概念的实质是强调应对不确定性的方式。并且，贝克的风险概念涵盖范围更广，包括生态危机、金融危机及恐怖主义等。

3. 不确定性和风险的关系

本书认为两者之间有两个重要的关系：一是不确定性包含风险；二是不确定性能够转化为风险。

首先，对于与不确定性有密切联系的风险概念，奈特认为“风险”一词在很多经济学研究中运用得不够严谨，与不确定性相混，因此他认为有必要将不确定性和风险区分开来：真正的不确定性是无法度量的，而风险

---

① ［美］斯蒂芬、罗西斯：《后凯恩斯主义货币经济学》，余永定、宋湘燕译，中国社会科学出版社 1991 年版，第 20 页。

② 黄奕林、赵爱华：《不确定性经济学的发展》，《经济学动态》1997 年第 9 期，第 55—58 页。

③ 杨雪冬等：《风险社会与秩序重建》，社会科学文献出版社 2006 年版，第 17 页。

是可以度量的不确定性。对于这一点，奈特的论述是："看起来，一种可度量的不确定性，或准确地用'风险'这一我们即将使用的术语称之，与不可度量的不确定性是如此不同，以至于可度量的不确定性实际上根本就不能称之为不确定性。我们因而把'不确定性'一词限定在不可度量的范围内。"① 并且，他还指出风险和不确定性这两个范畴之间的实际区别是，在风险中，一组事实中的结果分布是已知的（或是通过事先的计算，或是出自对以往经验的统计），但对于不确定性来说，这一结果是未知的，其原因一般是，由于所涉及的情况极为特殊，所以根本不可能形成这样一组事实。② 所以，不确定性是一个更广泛的概念，它包括"真正的不确定性"（不可度量）和"风险"（可度量）。

也就是说，可测量性（或可预测性）的程度是区别两者的关键所在。即，能够准确测度和预测的不确定性就是风险。反之，不知道有什么结果或是虽然知道一些可能性的结果，但无法准确用概率表达，则为不确定性。

其次，唐寿宁（2001）则注意到在一定条件下，不确定性能够转化为风险。在金融领域中既定的投资决策规则下，所做出的投资决策对于各相关投资者的影响是可以确定的，从而是可以计量的；而通过改变投资决策规则而形成的投资决策对于投资者的影响，则是不可确定的。风险与不确定性的区分，正是对应了选择规则的层面与规则选定后的层面这样两个层面的区分。③ 也就是说，在制度或规则确定之后，不确定性则转化为风险。

当然，从绝对意义上说，即便在制度确定的条件下，个人及组织的行为选择由于其所处环境、个体差异等，其结果仍然不能被准确预测，存在多种不确定的结果。对这一点，哈耶克有形象的说明。"物理现象中的另一个例子，从某些方面来讲更具启示意义。在一项尽人皆知的教学实验中，我们可以发现，一张纸上的铁屑会顺着纸下移动的磁铁的某种磁力路线而自行排列起来。在这项实验中，我们所能够预测的只是那些自行聚在一起的铁屑所形成的各种链的一般形状，然而却不可能预测这些链会在界定磁场的无数曲线的谱系中究竟会按哪条路线自行排列。这将取决于每一颗铁屑的位置、方

---

① ［美］弗兰克·H. 奈特：《风险、不确定性与利润》，安佳译，商务印书馆 2006 年版，第 18 页。

② 同上书，第 211 页。

③ 唐寿宁：《风险、不确定性与秩序》，载北京奥尔多投资研究中心主编《奥尔多投资评论（第一辑）：风险、不确定性与秩序》，中国财政经济出版社 2001 年版，第 106—117 页。

向、重量、粗糙程度或光滑程度，还将取决于此项实验中所使用的纸张的表面所具有的不规则情形。因此，从磁铁发出的磁力以及从每一铁屑中发出的力都将与其环境发生互动，从而产生出一个独特的有关一般模式的实例：尽管这一实例的一般特征将取决于已知的规律，但是它的具体样式却取决于我们所不能完全探明的特定情势。”[①] 并且，哈耶克认为在人类社会中其情况比这更复杂。因此，在制度及规则确定后，尽管不确定性大大减小（转化为风险），但不能简单认为不确定性就不存在了。

但是，了解不确定性在一定条件下能够转化为风险，无疑具有重要意义：国家的制度、政策及规则能够在相当程度上使经济发展中的不确定性降低，从而使个人或组织在既定的框架下能够对风险采取措施，对未来有较为稳定的预期。

二 银行脆弱性

由于国内外对金融脆弱性的研究较多，而且在逻辑上金融脆弱性涵盖了银行脆弱性。因此，我们可以通过辨析金融脆弱性定义及其理论渊源等多个角度来定义银行脆弱性。

1. 从脆弱性理论渊源来定义银行脆弱性

明斯基认为：作为经济理论，金融脆弱性假说是对凯恩斯通论的实质（或本质）的一种解释（Hyman P. Minsky，1992）。[②] 凯恩斯和后凯恩斯主义经济学家都坚持认为资本主义经济具有内在不稳定性。明斯基本人还认为，所谓脆弱性就是指只要有一个较小的刺激因素，金融体系就会有很大的反应。一个脆弱的结构是不稳定的结构。[③] 因此，脆弱性可以视为不稳定性，那么银行脆弱性就是指银行的不稳定性。里卡多·库勒费罗（Riccardo Bellofiore）和皮罗·费瑞（Piero Ferri）（2001）认为，明斯基的金融脆弱性假说是指金融体系在经过一定时期平缓增长到变得有活力之后，公司和银行的负债结构会自然地趋向于脆弱，然后由

① ［奥地利］哈耶克：《秩序辩》，邓正来译，载北京奥尔多投资研究中心主编《奥尔多投资评论（第一辑）：风险、不确定性与秩序》，中国财政经济出版社2001年版，第294页。

② Hyman P. Minsky, “The Financial Instability Hypothesis”, The Jerome Levy Economics Institute of Bard College Working Paper No. 74 (May 1992).

③ Hyman P. Minsky, “Finance and Stability: The Limits of Capitalism”, The Jerome Levy Economics Institute of Bard College Working Paper No. 93 (May 1993).

此引发危机，甚至是萧条的产生。[①] 这说明脆弱性是一个指机构由“好”逐渐变“坏”的动态变化过程状态。因此，银行脆弱性也应该为描述银行体系内在不稳定的一个动态变化的过程。

2. 进一步从不稳定性角度来看银行脆弱性

（1）刘仁伍（2007）从资源配置角度，认为金融体系状态存在三个层面：金融稳定、金融亚稳定和金融不稳定。金融稳定是指当金融体系处于金融机制运行中能够实行社会资源和生产要素最优配置的理想状态。但由于实际经济运行中的各种制约因素，金融体系并不能达到最优状态（即金融稳定），而只能处于金融亚稳定状态，在此状态下，金融体系对经济发展起到正面作用，但其作用发挥不能达到极致。而金融不稳定又分为极端层面的不稳定和温和层面的不稳定，前者是金融危机，后者是金融脆弱性。可以用图表示如下：[②]

显然，这里的脆弱性就是不稳定状态的一种。

（2）从国际货币基金组织（IMF）2000年工作报告《金融系统脆弱性评价》（巴里·约翰斯顿、蔡京清等）中我们可以看出：金融脆弱性即金融系统的不稳定性，并且可以用金融系统“净风险”来衡量。净风险是指金融系统风险和系统管理风险能力之间的差距。即净风险或脆弱性被定义如下：[③]

净风险（脆弱性）＝金融系统总风险－系统风险管理/监督系统的充分性

所以，比照上述关于金融脆弱性的定义，我们给出了同样的银行脆弱性的定义，即银行脆弱性是银行系统的不稳定性，并且可以用银行体系的“净风险”来衡量。银行体系的净风险是指银行系统风险和银行系统管理风险的能力之间的差距，可以用下式表达：

银行脆弱性＝银行系统总风险－系统风险管理

① Financial Fragility and Investment in the Capitalist Economy (The Economic Legacy of Hyman Minsky, Volume II), Edited by Riccardo Bellofiore and Piero Ferri (Department of Economics, University of Bergamo, Italy), Published by Edward Elgar Publishing Limited (UK) 2001.

② 刘仁伍：《金融稳定：机理与评价》，中国财政经济出版社2007年版，第11—23页。

③ 刘仁伍、吴竟择：《国际金融监管前沿》，中国金融出版社2002年版，第141页。

考虑到商业银行面临的风险包括信贷风险、市场风险、操作风险、流动性风险等，这些风险尽管客观存在，但其影响因素不仅众多，而且时刻在变，要从主观上准确把握其存在状态乃至给出一个较为准确的概率分布是不可能的。而常巍（2007）认为，所谓商业银行风险是指商业银行在经营管理过程中，由于受到内外各种不确定性因素的影响而导致损失的可能性。[①] 贝克风险社会理论中的“风险”基本可以看成是脆弱性的一个表述，十分有利于我们理解脆弱性的概念。他在探讨治理（即应对风险的手段）与风险的关系时认为：[②] 因为风险是伴随着人们的选择和决策存在的，治理不过是一套实现特定选择和决策的制度安排，它的功能不是消除风险，而是辨别和应对风险。同时，任何一种治理形式也在产生风险，因为它也是一种选择。因此，本书认为对于银行系统总风险的理解是：尽管其中有些是可以预测的，但大多数情况是无法预测的，所以把它当作银行面临的不确定性应该更具有客观性，并且根据奈特的说法：不确定性本身是一个更广泛的概念，它包括“真正的不确定性”（不可度量）和“风险”（可度量）。另外，经济不稳定的根源正是不确定性。具体来说，这种不确定性一方面是经济主体的不确定性，另一方面是经济环境的不确定性，两方面相互作用，必然产生不稳定性。

由此，本书认为银行脆弱性是指银行体系面临的不确定性与它在这种状态下的决策及应对措施。其程度大小取决于这两个方面的综合效果。它反映了银行在经营过程中的应变能力，即银行脆弱性越大，说明银行在当前条件下应对任何不确定变化的能力（或综合素质）越差，反之，则说明银行的适应能力强，在遇到不确定性事件的冲击时，能够较快地恢复稳定状态。所以，银行脆弱性实质是银行面临的不确定性及其如何应对的问题，是一个指银行的不稳定状态随时间动态变化的概念。

第二节　相关理论及其启示

一　相关理论之间的逻辑联系

本章的目的是明确关键核心概念以及建立用于全书分析的理论平台。

---

① 常巍：《国有商业银行风险研究》，中国财政经济出版社2007年版，第20页。

② 杨雪冬等：《风险社会与秩序重建》，社会科学文献出版社2006年版，第47页。

那么，为什么要以奈特、凯恩斯、哈耶克以及阿马蒂亚·森等人的经济思想作为分析框架的基础呢？下面简要陈述这些理论之间的内在逻辑联系。

本书研究的问题是银行体系脆弱性，对于该问题来说美国经济学家海曼·明斯基的金融脆弱性理论（或金融不稳定性理论）① 是不可回避的重要理论渊源。因此，在研究过程中除了对其金融脆弱性理论要有足够的认识外，了解明斯基本人所坚持的理论倾向及其主要观点无疑反过来有助于我们从本质上去理解他的金融脆弱性理论。明斯基本人是一位后凯恩斯主义货币经济学家。而后凯恩斯经济学派兴起于20世纪50年代和60年代，该派经济学家强烈反对新古典综合派把凯恩斯理论与新古典经济学综合为一体的做法，他们力求坚持凯恩斯本人的观点并在此基础上进一步发展。后凯恩斯货币理论中的一个基本假设是：我们生活在一个不确定的世界上。我们对发生在不断流逝着的今天的不测事件做出新的反应；而随着以这种反应为条件的新事件的不断出现，我们又要做出新的调整；就这样，调整过程将会无穷地进行下去。② 并且认为：所有的决策都具有时间性，都是在时间中发生的，都是以预期的未来为基础而做出的。③ 而美国后凯恩斯主义④更是坚持以下基本信条：（1）不确定性的普遍性，这种不确定性有别于可计算的风险；（2）货币供应的内生性质；（3）资本主义内在的不稳定性等。⑤

由此可以看出，不确定性思想应该同金融（或银行）脆弱性理论有着紧密的联系，甚至可以说是其核心思想来源。

追本溯源，那么研究凯恩斯本人关于不确定性的思想自然就是非常必要的了。而奈特作为公认的研究不确定性的大师，其思想当然不能忽略。并且两人对于不确定性的基本思想并无实质性区别，关键区别在于他们对实际问题的看法不同。这表现在他们针对不确定性提出了不同的解决思路：奈特提出合并及专业化，凯恩斯则强调了国家干预的作用。这实际上已经表明了人类社会在经济发展过程中应对不确定性的三个重要主体（即个人、组织和国

---

① 关于金融脆弱性理论，本书导论中已有较为详细的论述。说明其主要是关于信贷市场的理论，基本可以被认为是关于银行脆弱性的理论。

② ［美］斯蒂芬·罗西斯：《后凯恩斯主义货币经济学》，余永定、宋湘燕译，第17页。

③ 同上书，第21页。

④ 一般而言，美国的后凯恩斯主义者把资本主义看做是一种其结构、制度和社会关系都处在不断演变之中的社会。所有关于“均衡”和“中心趋势”的概念都被加以拒绝。它所注意的是资本主义的创新和适应。

⑤ ［美］斯蒂芬·罗西斯：《后凯恩斯主义货币经济学》，余永定、宋湘燕译，第17页。

家）的行为方式及作用。

同样基于对不确定性深刻认识的哈耶克以知识（信息）分散论为基础，强调了自由市场机制是应对不确定性的最佳方式。那么市场作为应对不确定性的一个重要机制自然不能置之不理。到此可以说，个人、组织、市场及国家已经构成了应对不确定性的一个完整体系。

而之所以要引入阿马蒂亚·森和乌尔里希·贝克的相关理论，是因为他们的相关观点对本书的研究具有重要的借鉴意义。阿马蒂亚·森的研究理念同凯恩斯以及哈耶克之间相同点和差异值得关注。他的思想对于本书全面且积极地考虑不确定问题具有重要启发意义。并且，阿马蒂亚·森将哲学与道德伦理引入经济学分析的方法也是本书所推崇的。而乌尔里希·贝克则从社会学角度研究了现代社会中的不确定性及风险问题，从而为本书的研究拓宽了思路。

综上所述，不确定性思想同银行脆弱性理论有着紧密的联系，而奈特、凯恩斯及哈耶克等五人的理论又都与不确定性密不可分。本书试图通过对以上理论的研究，从而得出一个有机的、贯穿全书的理论分析框架。这是本章最重要的意义所在。

二　奈特的不确定性思想及其评价

（一）关于奈特的不确定性思想

较早把不确定性系统地引入经济分析的著作，当推美国经济学家奈特的《风险、不确定性与利润》一书。尽管奈特研究的落脚点是企业利润产生的根源问题，但其关于不确定性及风险的研究无疑是深刻和具有巨大影响的。本书认为，奈特的不确定性思想可以从以下三个方面理解：

1. 什么是不确定性？

对于不确定性，奈特认为真正的不确定性相对于“风险”是无法度量的，而风险是可以度量的不确定性。对于这一点，奈特的论述是：“看起来，一种可度量的不确定性，或准确地用‘风险’这一我们即将使用的术语称之，与不可度量的不确定性是如此不同，以至于可度量的不确定性实际上根本就不能称之为不确定性。我们因而把‘不确定性’一词限定在不可度量的范围内。”[①] 并且，他还指出风险和不确定性这两个范畴之间的实

---

① ［美］弗兰克·H. 奈特：《风险、不确定性与利润》，安佳译，商务印书馆2006年版，第18页。

际区别是，在风险中，一组事实中的结果分布是已知的（或是通过事先的计算，或是出自对以往经验的统计），但对于不确定性来说，这一结果是未知的，其原因一般是，由于所涉及的情况极为特殊，所以根本不可能形成这样一组事实。[①] 所以，不确定性是一个更广泛的概念，它包括“真正的不确定性”（不可度量）和“风险”（可度量）。

2. 不确定性产生的根源是什么?

研究不确定性之所以重要是因为它涉及经济主体对未来的预测或预期问题。不确定性的根源在于世界发展的不断变化和经济主体拥有知识的不完全性。正如奈特所说：“我们生活的世界是一个变化的世界，一个充满不确定性的世界。我们在生活中只能知道未来的某些事情，而人生的问题，或者至少是行为的问题，就是因为我们所知如此之少而出现的。这一点在商业领域中同在其他活动领域中一样。这种情况的实质在于，行为是以看法为依据的，这种看法多少是有根据并有确切含义的，这就是说，我们既不会对事物一无所知，也不具有完整和完全的知识，我们只有不完全知识。”[②] 这实际上是从主客观两方面说明不确定性的取决因素。在客观方面，奈特认为：某些种类的变化，是不确定性存在的先决条件；因为在一个绝对没有变化的世界里，未来将与过去极其相似，所以人们可以准确地预知未来。[③] 在主观方面，不仅每个人的知识是完全的，而且每个人本身的能力及面临的环境也不尽相同。这两方面使不确定性的产生成为必然。而经济学中的重要概念“预期”正是对不确定性的很好注释。[④]

3. 应对不确定性的手段措施是什么?

既然经济学中不确定性的根本问题在于经济过程本身的前瞻性（预期），那么不言而喻，理性的行为力争使用手段将在适应目的的过程中把不确定性减到最小。关于如何应对不确定性，奈特明确提出四种手段：(1) 合并。即将成组的事例先进性同质归类，再运用概率理论进行预测。关于这一点，最为明显且最为人所知的手段非保险莫属。保险通过处理成组的事实而不是单

---

① ［美］弗兰克·H. 奈特：《风险、不确定性与利润》，安佳译，商务印书馆 2006 年版，第 211 页。

② 同上书，第 181 页。

③ 同上书，第 314 页。

④ 事实上，在经济生活中不论是组织还是个人，其管理、投资等经济行为无不与预期紧密相连。可见不确定性对经济行为的影响之深。

个的事实来减少不确定性。(2)专业化。即通过选择能够应付不确定性的人或组织来减少不确定性。比如经济中的投机行为或组织(奈特主要指企业)。对于投机能够减少不确定性，奈特是这样论述的："在减少不确定性的这些努力中，最重要的就是通过含有专业化的归组方法，将不确定性转换成可度量的风险将它消除。可以充分显示对商业进行有组织投机之优势的典型例证，就是对冲合约的使用。凭借这种简单的手段，产业生产者就有可能消除损失。风险被转移给了职业的投机者。"① 另外两个是企业及企业家职能。对于企业及企业家职能，奈特认为：一是，企业作为高度专业化的产业机构的存在，正在履行着提供知识和指导的职能；二是，不确定性问题和管理问题的密不可分，在企业家职能的讨论中尤为重要，这一职能是现代经济组织的典型现象，本质上也是专门承担不确定性或改善经济管制的一种方式。② 所以，企业这种专业化组织本身就是应对不确定性的产物。多种职能专业化的结果就是企业及企业工资制度的出现。企业及企业工资制度在现实中的存在，就是不确定性带来的直接后果。

(二) 对奈特不确定性思想的评价

奈特的不确定思想奠定了后来经济及金融学中不确定性分析的基础。比如，马科维茨及夏普针对金融市场中的不确定性造成的风险，认为这些风险在一定程度上经过资产的有效组合可以得到一定的分散，从而投资人可以在现有的资源和风险条件下进行有效投资，以获取利润。这就是对现代证券市场及风险投资有极大影响的资本资产定价理论。可见，该理论就是奈特关于应对不确定性手段中的第一种方法（合并，即可以通过归类及概率理论削减不确定性）的具体运用。③ 现代社会中各种各样投资机构及组织则又充分证明了奈特关于专业化组织是应对不确定性的产物的这一命题。并且，奈特还指出，这两种方法本身是难以分割的，因为专业化意味着集中，集中涉及合并。托宾的资产选择理论也可以被认为是关于奈特不确定思想的一个实际例证。纵观当前许多用以评价和估计风险的复杂且先进的方法，都可以看做是应对不确定性的两种手段的具体表现形式。本书

① [美] 弗兰克·H. 奈特：《风险、不确定性与利润》，安佳译，商务印书馆 2006 年版，第 230 页。

② 事实上，在经济生活中不论是组织还是个人，其管理、投资等经济行为无不与预期紧密相连。可见不确定性对经济行为的影响之深。第 222、234 页。

③ 资本资产定价模型中主要运用的就是概率理论中的期望和方差计算。

认为，不论多么先进的技术手段应对不确定性总是有局限性的，因此，奈特关于不确定性激发或引致各类专业化组织出现的思想更为重要。关于这一点，奈特认为：不确定性问题和管理问题的密不可分。并且不确定性的存在对人员选择和专门化职能方面会产生四种倾向：（1）基于知识和判断，让合适的人坐到合适的职位上；（2）因为某些行业的活动需要有在很大程度上异于他人的禀赋，所以要基于预测程度来做出类似的选择；（3）生产群体范围内的专业化，即那些有超常管理能力的个人（有预见性和管理他人的能力）要处于管理群体的位置上，其他人则要在这些人的指挥下工作；（4）那些相信自己的判断，并乐于以行为证实其意向的人，可以专门从事承担风险的工作。① 那么，我们由此可以引出积极的政策含义，即国家如何制定合适的制度促进银行及相关专业化组织（如银行监督机构、银行同业协会等）的完善发展，刺激组织自身的积极演进以适应不确定性，对于应对银行脆弱性是十分重要的。一系列合适的制度安排的重要性远远大于仅仅只是简单的技术手段的模仿和引进。

三　凯恩斯的不确定性思想及其评价

（一）关于凯恩斯的不确定性思想

凯恩斯认为不确定性事实上来自人们在特定发展阶段认识世界的有限能力或有限理性，无法对具有多样性的外部世界给予充分说明。在其经济理论中，概率是知识或信念的所有物，而不确定性对应着一种数字上不可测量其概率的情形。这一基本观点同奈特是一致的。

凯恩斯将不确定性作为其宏观经济理论的逻辑起点，预期的不确定性构成其消费、投资及货币需求三大心理规律理论的支撑，不确定性理论亦成为其建立宏观经济理论的基石。而对于预期，在上文中我们已经说明它是不确定性在各种经济行为中的体现。事实上，凯恩斯在《通论》中的有关产出和就业的预期分析是以支配投资速度的长期预期为中心的。据他认为，任何投资的预期利润率都取决于资本资产的现期供给价格和预期收益。凯恩斯所关心的是对于预期收益的估算的极不可靠性。人们对于未来的认识是模糊的、不确定的，预期并没有合理、科学的基础。他认为预期

① ［美］弗兰克·H. 奈特：《风险、不确定性与利润》，安佳译，商务印书馆2006年版，第243页。

的形成很少是由数学公式等理性方法得出。归根结底，在一个不确定的世界中，狂想、激情或集会会左右着我们的行动。[①] 既然人们对未来的不确定性缺乏足够的知识，预期就不可靠，据此所做的一切决策，就易于发生突然而剧烈的修改，投资也就易于发生波动。

他还把不确定性因素引入货币理论，为货币体系寻找到一个逻辑存在的合理解释，即在一个不存在不确定性的世界中，理性经济人永远不会出于预防动机而持有货币，只有生产周期较长、存在未知因素的世界中，货币才成为对付不确定性的手段，货币之所以被用来充当储藏手段，主要是因为利率的未来趋势是不确定的（主观上反映为人们的预期是不定的）。凯恩斯认为资本主义本身是一种在充满不确定性的信贷—货币经济中运行的制度。货币是在不确定的世界中把现在和未来联系在一起的东西。[②]

总之，经济主体的流动性偏好、投资的资本边际效率及利率等都会由于未来预期收益的不确定性而难于预测。

（二）对凯恩斯不确定性思想的评价

凯恩斯在其经济研究中有一个重要理论继承来源，即重商主义的国家干预主义。他认为重商主义有合理成分，其国家干预政策比新古典经济学的自由放任政策要好。凯恩斯进一步发展了这一思想。资本主义经济危机的产生是由于资本边际效率的崩溃，而对资本边际效率起决定作用的未来收益的心理预期难以确定，其在何时逆转更是具有偶然性和不对称性，[③] 而市场机制的自发调节不能实现就业均衡，必须实行国家干预，通过财政政策和货币政策调控经济，才能实现宏观经济的稳定发展。尽管凯恩斯理论的落脚点是有效需求不足导致的失业问题，但通过上述分析，我们知道有效需求产生的根源在于不确定性，国家干预显然是针对不确定性产生及其结果的手段。事实上，现在看来国家干预经济及金融领域固然有其积极的一面，但也产生了大量问题，当时是不可能知道的，这也正是不确定性的表现。但无论如何，国家干预作为解决不确定性问题的思想在现代经济发展中被广为应用，只是程度、方式各不相同。

---

① ［美］斯蒂芬·罗西斯：《后凯恩斯主义货币经济学》，余永定、宋湘燕译，第20页。

② 同上书，第26页。

③ 即经济由向上趋势变为向下趋势时的骤然性和剧烈性，与由向下趋势转变为向上趋势时的平缓性。

另外，继承了凯恩斯不确定思想的后凯恩斯主义学者的论述中也涉及了应对不确定性的手段或方法。例如，后凯恩斯主义货币理论特别强调远期合同的作用。这种合同是对付不确定的世界的一种重要手段。由于预期所固有的易变性，资本主义发展了一种限制生产领域内的与事前决策相联系的事后意外的方法。资本主义对不确定性的反应是在私营部门实行计划，而对公共部门的计划则表示遗憾。它是在实践中进行生产的经济的一种隐蔽的“收入政策”。在资本主义经济中，还有多种对待不确定性的方式，如通过纵向和横向一体化、综合公司兼并、产品差异化以及对市场的垄断集中。

综上所述，对于不确定性在经济发展中带来的动荡，凯恩斯明确提出了国家干预的手段。后凯恩斯主义则又增加了远期合同和产业组织形式等应对不确定性的方法手段。

四　哈耶克的不确定性思想及其评价

（一）关于哈耶克的不确定性思想

哈耶克认为，只有和不确定性相联系，有趣的经济协调问题才会出现。他把不确定性归结为经济行为主体对具体某一时间和地点的变化的适应性决策问题。和奈特相同，哈耶克也是从知识的角度认识不确定性，他把知识的不完全性和预期的不确定性归结为知识的分散性，从而把不确定性问题转化为决策中知识的利用问题。在此基础上，哈耶克提出讨论经济组织问题的两个基本命题：经济问题的产生，总是而且仅仅是因为情况发生了变化；问题不在于是否制定计划，而在于由谁制定计划。因而，哈耶克把在知识的分散性基础上如何利用知识消除不确定性看做是建立合理的经济秩序的起点。

知识分散论（或信息分散论）是哈耶克推崇市场机制的一个重要理论依据。哈耶克认为，在市场经济条件下，由于有着众多的生产者和消费者，他们各自的经济活动和决策产生了巨量的信息，这些信息是进行资源配置所必需的。但是，这些信息分散在千百万人手中，这是市场经济的特征，是客观的。这种分散的信息只能通过市场过程进行交换和传递。所以，让各人利用所掌握的信息去各自行动、相互竞争、分散决策，才是实现资源合理配置的最佳方式。反之，任何中央计划当局都不可能拥有或者收集到全面的信息。正是由于这种信息障碍，所以中央计划当局所做出的计划难以对资源进行合理的配置。

总之，哈耶克认为经济发展的不确定性来自知识分散产生的有限理性。比如哈耶克在方法论思想中强调了复杂性的概念。因此在社会领域中，只可能进行"漠视预测"。也就是说，由于社会领域的复杂性，我们只能预测大致的方向和框架的规则。[①] 这其实是说明个人知识的有限性及社会经济发展的不确定性。而针对经济发展过程中的不确定性，哈耶克提出了促进自生自发秩序形成的办法，其实就是法治条件下的市场机制，而强烈反对中央计划经济体制。

(二) 对哈耶克不确定性思想的评价

哈耶克的不确定性思想的基础是知识（或信息）的分散性。他认为自由市场机制的本质是一个人类无意发现的信息交换系统，充分适应了知识的这种特性，是自生自发秩序的最好形式。其效果是任何经济主体不可能通过有意的计划来达到。并且这种秩序如同生物适应性一样具有自我演进的特点。

关于经济发展过程中政府的角色问题，哈耶克虽然被称为经济自由主义中的极端者，但也并不主张政府无为。他在《通往奴役之路》一书中说道："古老的争论话题——政府应当采取行动，还是应当无所作为。而我在这本书中做出的全部努力，就是用一种新的区分来替代这种古老而愚蠢的区分。我已经认识到，国家的有些活动是极端危险的。因而，我的整个著作就是要区分正当的政府活动和不正当的政府活动。为此，我曾经说过，只要政府的计划是为了促进竞争，或者是在竞争无法正常发挥作用的时候采取行动，就不应当予以反对；但我相信，除此之外的一切政府活动都是非常危险的。"[②] 他认为古典自由主义秩序，未必就是政府最小的秩序，而是竞争最大化的秩序。可见，政府活动是否正当，关键在于它是否能促进竞争。

他还强调法治的重要性。在《自由宪章》中哈耶克认为："法律的确定性对于自由社会的平稳运转所具有的重要性，怎么强调都不过分。"[③] 在他看来，法治就意味着，政府的所有活动都要受到事先确定并公布的规则

---

① ［英］艾伯斯坦：《哈耶克传》，秋风译，中国社会科学出版社2003年版，第133页。

② 同上书，第149页。

③ 同上书，第230页。

之约束——这种规则能使人们比较确切地预见，在具体的情况下政府将如何使用其强制性权力，也使人们能够根据自己的知识安排自己的个人事务。自由意味着法律至上。

总之，对于哈耶克不确定性思想可以归结为四点：一是经济决策中不确定性来源于知识的分散性；二是自由市场机制是一种自生自发秩序，是解决由知识分散性造成的经济决策不确定性的最好方法；三是自由市场机制以法治为前提；四是政府行为应被限制在极小范围内，并且其是否具有正当性的关键标准在于能否促进竞争。在这四条中，我们应该关注第二条，即市场机制是解决不确定性的最好方法。

另外，我们应当注意哈耶克思想的不足之处，不应当无条件地强调市场的作用。哈耶克提倡法治条件下的自由市场主义，极端反对国家对经济的直接干预，特别是凯恩斯的需求管理政策。但从 20 世纪 30 年代大萧条起直到现在，凯恩斯主义政策在实践中被广泛运用并在很多国家解决了需求导致的经济停滞问题。克鲁格曼对此有很好的评价："自由市场的推崇者连凯恩斯主义政策都一概否定，他们认为政府通过干预刺激需求的做法是自由市场的敌人。但是，他们错了。在一个没有足够需求的世界里，自由市场原则是难以运行的。"① 显然，凯恩斯主义政策对我国当前政策实施仍有积极的指导意义。但在我国的市场经济改革过程中，法治条件的不完善导致很多问题，从这一点来看，哈耶克强调市场法治环境（反对人治）值得我们重视。

五　阿马蒂亚·森经济发展的思想及其借鉴

在坚持经济发展中不确定性的重要影响作用的基础上，凯恩斯单纯从经济角度考虑政府的行为，而哈耶克则基本对政府直接干预经济持否定态度。阿马蒂亚·森与两者皆不同。森与凯恩斯在坚持市场自由的同时，更加注重伦理方面的考虑，即市场经济的分配及其他后果。并且在两方面明显存在不同：（1）对于理性在社会经济发展中的作用；（2）在国家能否对经济发展起到积极作用方面。显然，森在这两方面都是持有肯定态度的。第一点也是他与哈耶克明显不同之处。

---

① ［美］克鲁格曼：《萧条经济学的回归》，朱文晖、王玉清译，中国人民大学出版社 1999 年版，第 216 页。

本书认为，森的思想在研究经济中不确定性乃至银行脆弱性问题时，在以下三方面能够为我们提供借鉴：

（一）理性在应对不确定性中的积极作用

森认为，试图运用理性去造成社会变化，在适当的情况下，应该能够帮助我们得到更好的结果。在目的明确的规划指导下取得社会和经济改革成功的例子很多，不胜枚举。① 显然，中国经济自改革开放后取得的巨大成就就是一个很好的例证。经济和社会的理性思考可以注意到那些并非有意造成的、但由于体制性安排而引起的后果，而且特定的体制安排可以因为注意到各种可能产生的、无意造成的后果而获得更准确的评价。对无意（即不确定性）造成的后果的预期，是组织改革和社会变革方面理性主义方法的一个部分，而不是与它相对立。斯密、门格尔和哈耶克提出的洞见，使我们注意到研究无意（不确定性）造成的后果的重要性，但是，认为无意造成的后果的重要性否定了需要理性地评价所有后果——包括无意造成的和有意造成的——却是完全错误的。② 没有任何理由去否定努力预期各种政策所有可能的后果的重要性，或者放弃以理性评价各种可能性作为制定政策的基础。③

（二）国家的积极作用

森强调要以国家的公共行动来创造条件，使市场得以良好地发挥作用："市场机制在一定条件下取得了巨大的成功，这些条件是，所提供的机会可以被合理地分享。为了使这种情况得以发生，需要适当的公共政策（涉及学校教育、医疗保健、土地改革等），来提供基本教育等。"④ 并且，他始终坚持市场的整体成就依赖于政治和社会安排。显然，一味批评中国政府主导的改革，简单主张自由发展的市场经济是无道理的。在银行脆弱性问题上也是如此：首先我国政府主导的商业银行改革方式同中国的政治及社会制度密切相连，有其合理性；其次，在这过程中出现的脆弱性问题的解决依赖于其他相关领域内的改革进展。事实上，我们一直认为我国商业银行脆弱性的根源并不在于银行体系本身，而在于我国整体经济的发展

---

① ［印度］阿马蒂亚·森：《以自由看待发展》，任赜、于真译，中国人民大学出版社 2002 年版，第 256 页。

② 这显然是针对哈耶克自生自发秩序中政府的消极作用的论断而言的。

③ ［印度］阿马蒂亚·森：《以自由看待发展》，任赜、于真译，第 258—260 页。

④ 同上书，第 10 页。

模式方面。

当然，森也指出政府的过度管制是不利的，因为过度管制的经济是腐败的理想温床。他指出：某些政府管制体制赋予官员以相机处理的权力，使得他们能够给其他人提供优惠，而这些优惠能给商界人士带来大笔金钱。这样的安排实际上鼓励了腐败。[①] 在我国，这样的案例不胜枚举。如以前我国银行贷款的配额制度中出现的问题等。

（三）透明性担保的重要意义及途径

透明性担保指人们在社会交往中需要的信用，它取决于交往过程中的公开性、对信息发布及信息准确的保证。从事交易双方总是预期对方在谈判时提供有关交易的准确信息，而且在达成协议后信守承诺。没有这种信用，市场机制无法运作。透明性保证所涉及的，是满足人们对公开性的需要：在保证信息公开和明晰的条件下自由地交易。当这种信用被严重破坏时，很多人——交往的双方以及其他人——的生活可能因为缺乏公开性而受到损害。透明性保证（包括知情权）因此构成工具性自由的一个重要范畴。这种保证对防止腐败、财务渎职和私下交易所起的工具性作用是一目了然的。森在评论亚洲金融危机时，认为金融危机在东亚和东南亚的某些国家的形成，与商业运作缺少透明性，特别是在核查金融和商业的安排上缺乏公众参与紧密相关。这一失败的一个原因是缺少一个有效的民主论坛。可以由民主过程所提供的、向那些特定的家庭和集团的控制地位提出挑战的机会，本来是可以导致非常不同的结果的。在亚洲金融危机的发生中，透明性自由的作用——或者说缺少透明性自由的后果——是很难被怀疑的。[②] 可见，透明性担保在商业运作中对于信用的维持及预期的稳定性具有非常重要的意义。而我国商业银行领域中大量问题是由于信用缺失造成的。同时，森提出了不同于政府监管及市场约束手段的第三种加强企业经营透明性的方法，即社会民主的监督。在国外，非政府组织（包括各种行业协会等）以及新闻媒体等对于企业的经营行为有较强的约束力，如美国安然公司因丑闻倒闭事件。这对于我国加强银行业的透明性是具有借鉴意义的。

---

① ［印度］阿马蒂亚·森：《以自由看待发展》，任赜、于真译，第372页。

② 同上书，第182页。

六　乌尔里希·贝克的风险社会理论及其借鉴

之所以要借鉴德国社会学家乌尔里希·贝克的风险社会理论，主要基于以下四个原因：一是，从贝克关于风险本质是强调社会对不确定性的应对方式来讲（如概念界定中所述），其理论是能够纳入本书的理论框架的。二是，该理论强调从制度的角度来理解风险的产生和解决，具有实践性。而这种理论倾向与当代中国所面临的和要解决的问题是切合的。当前中国社会在制度转型期间面临诸多不确定性，或者是缺乏新的制度应对新的风险，或者现有的制度能力不足无法解决风险。三是，该理论提出的一些假设或观点值得思考，比如“有组织的不负责任”、“国家中心治理的有限性”等。四是，该理论在价值取向上是建设性的和相对乐观的。这四个方面对于研究我国银行业改革过程中的脆弱性问题无疑是有帮助的。

（一）关于风险社会理论的简述

风险社会作为一个概念并不是历史分期意义上的，不是某个具体社会和国家发展的历史阶段，而是对目前所处时代特征的形象描绘。因此，我们可以说，人类处于风险社会时代，但不能讲某个国家是风险社会，尽管那个国家的国内情况比其他国家更不安全。但是，风险社会不仅仅是一个认知概念，还是一种正在出现的秩序和公共空间。① 贝克提出“风险社会”理论，根本目的是要以此为依据来批判和改造“简单现代性”，或者说改造资本主义社会，提出新的未来图景。即，其理论的落脚点在于反思现代工业文明对社会及个人造成的不利影响，并从社会和政治角度提出解决方法。

贝克认为由于社会多元化的发展，不确定性大大增加使得传统应对未来风险的方法已不适用，他提出了新的治理方式，即秩序重建和治理方式的调整。② 由于不同的风险情景（客观的背景和主观的认知程度不同）下会产生相异的选择，而个人、组织、国家及社会诸层面上的选择集合在一起就形成了不同的治理形式，这些治理形式产生了相应的秩序。秩序的基本功能是为行为者提供稳定的预期，以减少治理的成本，把冲突控制在一

① 杨雪冬等：《风险社会与秩序重建》，第39页。

② 本书前面从经济学角度归纳了人类经济社会发展中应对不确定性的四种手段，即国家、市场、组织和个人，是依据主体的不同而划分的。贝克的应对不确定性的手段，从社会中存在的不同治理方式的角度出发分为国家、市场和公民社会。

定的范围内。在某种秩序下，治理的手段以及结构的调整、变化都是为了使既有的秩序能经受住风险的冲击。按照福柯式的定义：[①] 治理指的是在一个国家、组织或地方，控制、规范、塑造、掌握他者或对其施用权威所采用的各种战略、策略、过程、程序或计划。治理也是一个权力施用过程，调整的是治理者和被治理者这对关系，而被治理者并不是被动的，也能够通过自己的策略和行动影响治理者。总之，秩序重建及治理调整的目的就是选择风险、分担风险以及规避和减小风险。

（二）风险社会理论的借鉴

风险社会理论中以下几个观点对于我们研究银行脆弱性问题应予以十分重视。

1. 强调了风险治理过程中责任分担的重要性

贝克认为，只有解决了由哪些社会群体来共同承担风险，分担哪些风险以及多少风险，才能在治理过程中划分清楚各个利益相关者的权利与职责，并建立相应有效的激励与惩罚机制，使相关各方在应对风险中找到自己的位置，然后才能把如何预防和规避、减少风险提到日程上，并使各方承担其相应的责任，才能使治理运行起来。就一个社会来说，不同的文化传统和社会结构会导致风险分担方式的不同。集体主义的文化强调个人要服从组织的需要来承担风险，而个人主义文化侧重于个人对自己行为负责。这一点在以往研究金融或银行脆弱性问题的相关材料中并未被提及，但它是重要的。

2. 国家中心治理的失效

国家中心治理的危机是贝克风险社会理论的一个重要观点。现代社会公共治理的基本机制由国家、市场和公民社会[②]构成。贝克认为市场从熟人交换关系变成了一种偏好风险的机制，一种把冒险制度化的机制，依靠投资者的冒险行为推动。在这点上，它与国家和公民社会存在根本区别，后两者是厌恶风险的治理机制。而正因为偏好风险的本质，市场也是产生风险的机制，尤其随着其在地理范围上的不断扩展以及自身结构的日益复杂化，市场成为现代社会的重要风险来源。这点同凯恩斯的市场风险的自发生成的观点是一致的。但贝克与凯恩斯不同的是，他认为现代社会中国

---

① 杨雪冬等：《风险社会与秩序重建》，第44—48页。

② 公民社会介于国家和市场之间，其主要行为者是各类非政府组织和非营利组织。

家治理的中心地位常常导致治理失效。他认为国家在整个治理结构中的中心地位固然有其合理性，但是在这个多元复杂性日益增强的时代，国家自身的变革往往滞后于时代的要求，从而直接或间接导致治理的失效。并且他把国家中心的治理失效归结为三种基本形式：结构性失效、制度性失效以及政策性失效。[①] 分别陈述如下：

（1）结构性失效

结构性失效有两种表现形式：一种是国家治理能力软弱，无法负担应有的、提供社会秩序和社会安全的功能，更无法保证市场和公民社会的正常运行；另一种是国家与公民社会和市场之间关系不平衡，挤占了后两者的边界，僭越了它们的功能，从而诱发了后两者的失效。结构性失效通常只存在于少数发展中国家和转轨国家。

（2）制度性失效

制度性失效通常指某些规则和安排存在明显的缺陷。它有三种表现形式：

一是，在某些社会安全问题上没有建立相应的制度，存在制度真空。

二是，虽然建立了相应的制度，但无法充分实行，实现其应有的绩效，存在制度不到位。

三是，已经建立的制度并不适应具体的条件，存在制度的不适应。

（3）政策性失效

这是最具体的一种方式，其出现的可能性和频率也最高。这主要是因为国家要面对和解决不断出现的各类问题，任何一项解决措施都存在失效的可能。这显然是不确定性的直接表现。

3. 有组织的不负责任

贝克认为公司、政策制定者和专家结成的联盟制造了当代社会中的危险，然后又建立一套话语来推卸责任。这样一来，他们就把自己制造的危险转化为某种“风险”，并利用法律和科学掩盖其产生的原因，直到更大后果产生。“有组织的不负责任”实际上反映了现代治理形态在风险社会中面临的困境。尽管现代社会的制度高度发达，关系紧密，几乎覆盖了人类活动的各个领域，但是它们在风险社会来临的时候却无法有效应对，难

① 杨雪冬等：《风险社会与秩序重建》，第68—69页。

以承担起事前预防和事后解决的责任。①

第三节　中国商业银行脆弱性的研究体系

一　研究对象范围的界定

根据中国银监会规定，我国商业银行包括国有商业银行、股份制商业银行、城市商业银行、农村商业银行和外资银行。主要商业银行包括国有商业银行和股份制商业银行。国有商业银行包括中国工商银行、中国农业银行、中国银行、中国建设银行、交通银行；股份制商业银行包括中信银行、光大银行、华夏银行、广东发展银行、深圳发展银行、招商银行、上海浦东发展银行、兴业银行、中国民生银行、恒丰银行、浙商银行、渤海银行。我们关注的是主要商业银行，即国有商业银行和股份制商业银行。央行的商业银行数据统计口径与银监会基本相同，不同的是名称不同，即中国工商银行、中国农业银行、中国银行、中国建设银行、交通银行等五家银行不叫“国有商业银行”，而是称之为“大型商业银行”。显然一个是从所有权角度考虑，一个是从银行资产规模角度考虑。为了后面陈述方便，我们这里统一规定，下文采用银监会称法，即上述五家大型商业银行被称为国有商业银行。另外，《中国金融年鉴》（2007）中的国有商业银行口径也同银监会规定一样为5家，而《中国银行业报告》（2007）中的国有商业银行指的是原来的4家银行，因此，在引用有关国有商业银行相关数据时，要注意资料来源，防止口径不一致。本书中商业银行体系脆弱性的研究对象就是国有商业银行和股份制商业银行。这样做的合理性理由如下。

（1）能够解决代表性问题。在我国商业银行体系中，尽管随着市场化程度的加强，国有商业银行垄断地位有所下降，但在资产规模和贷款市场份额方面仍具有绝对优势，是影响银行体系发展的主要变量。如果再加上股份制商业银行，其资产及贷款规模可达到70%左右，因此国有商业银行和股份制商业银行（即主要商业银行）对于我国商业银行体系的研究来说具有很好的代表性。以下数字能更好地反映这一点。首先，2004年中国银行业资产规模结构分别为：国有商业银行54%，股份制商业银行15%，

① 杨雪冬等：《风险社会与秩序重建》，第67—68页。

城市商业银行5%，其他类金融机构26%。2007年，这个比例有所变化，国有商业银行为53.25%，股份制商业银行为13.78%，但两者之和仍占了银行业总资产的2/3以上。其次，从贷款市场份额来看，2007年国有商业银行占比为49.87%，股份制商业银行为14.44%，两者相加占据了贷款市场份额的65%，显然具有主导地位。①

（2）可以在解决代表性问题的基础上减少数据收集及研究的工作量，同时避免了对主要矛盾的遗漏。

二 论文分析框架的确立

从上一小节的论述中，我们知道不确定性是社会发展的动力。而银行脆弱性实质是银行体系面临的不确定性及其应对的问题，个人、组织、市场及国家构成了这个不确定体系的基本主体元素。同时，这四个要素对应着四种在经济及社会发展中应对不确定性的主要方式：即国家干预（或国家管制）、市场、各类专业化组织及个人选择。基于这个基本理念，我们来审视银行体系的脆弱性问题。

首先，我们先前已经指出，银行脆弱性是主体面临的不确定性及其采取的措施的一个综合效果。这个效果如何，取决于两个因素：一是主体对不确定性情况的认识或预期，因为这决定了主体在面对不确定性时究竟会采取何种措施；二是对不确定性的实际应对措施，其执行情况、实际效果等都会影响整体的脆弱性。

其次，从商业银行体系的发展过程来看，与之相关的主体有国家（包括地方政府）、银行及个人。

我们发现从不确定性思想引出的四个重要应对不确定性的措施手段有三个与银行体系的主体基本重合，即国家、专业化组织（包含银行）和个人。之所以没有说是完全重合，是因为应对不确定性的专业化组织不仅包含银行，还有其他组织，如官方监管组织和非营利组织等。而另一个应对不确定性的重要措施手段又恰好是前三者之间的相互作用构成的交易机制。这为建立一个有机的整体分析框架提供了良好的基础。下面，我将以应对不确定性的四个重要方式为线索或层次，来论述全书的分析框架。

---

① 引用数据来自中国人民银行《中国金融稳定报告》2004年及2008年。

（一）从国家角度来看

现代国家经济的发展离不开金融体系，当面临不确定性时，国家如何决策，采取什么样的制度，无疑对金融体系有重要影响。即此时经济体系的不确定性通过国家转移至金融体系，而金融体系在既有的约束条件下采取相应的措施，从而构成了金融体系的脆弱性问题。后凯恩斯主义货币经济学派认为：在资本主义制度下，不确定性之所以能够持续存在，是因为资本家不愿接受一种有效的补偿制度或政府的直接计划。尽管市场权力的集中和远期合同的运用可以作为一种对付不确定性的手段，但不确定性永远是一种无法从根本上逃避的现实。在这个意义上说，不确定性这个概念深刻揭示了资本主义制度的内在不稳定性。① 这再次说明在考虑金融乃至银行体系的脆弱性时，国家政府应当是不可或缺的。对于我国这样的间接融资主导的金融体系，商业银行是其主体。因此，国家在经济发展中应对不确定性（由国内外环境的变化造成）的一系列制度变革及政策变化构成了商业银行体系行为的制度约束，在此基础上，商业银行根据自身条件采取相应措施，两者的结合就产生了商业银行体系的脆弱性问题。在这一部分，本书将力图阐述我国商业银行体系脆弱性产生根源：即脆弱性的被动积累机制。

（二）从专业化组织来看

主要涉及三类组织：一是银行自身，属于营利性专业化组织；二是监管机构，主要是银监会，属于官方专业化组织；三是非营利性组织（即贝克提到的公民社会），包括银行业协会、新闻媒介等社会组织。

1. 从银行自身角度考虑

商业银行本身作为融资领域中从事信息搜集、信息生产的专业化组织，能够较为有效地解决融资主体（个人、企业）相互之间由于信息成本（包括识别、实施与监督成本）而产生的不确定性。本书认为，商业银行在面临不确定性时能够及时、灵活地采取应对措施的关键在于其独立性。因此，根据银行脆弱性的定义，考察我国商业银行独立性问题有助于我们理解银行体系脆弱性问题。

2. 从银监会角度考虑

由于银行业本身存在的巨大外部性，银监会作为官方专业化监管组

---

① ［美］斯蒂芬·罗西斯：《后凯恩斯主义货币经济学》，余永定、宋湘燕译，第25页。

织其目的是维护银行体系的稳健，是金融安全网的重要组成部分。银监会的正确、有效监管对于商业银行来说，能够在一定程度上迫使其在不确定性环境下采取正确的措施，从而减少银行体系的脆弱性。但反之，则会增强银行体系的脆弱性。本书欲从我国银监会与银行之间的关系分析入手，借助德国社会学家乌尔里希·贝克在风险社会理论中提及的“有组织的不负责任”这一概念，从另一个角度理解我国商业银行体系的脆弱性。

3. 从非赢利组织角度考虑

金融业（包括银行业）作为风险积聚的行业，其经营过程中的信息透明性对于减少不确定性因素，维持整个体系的稳健具有重要意义。国内外学者，如阿马蒂亚·森、谢平、陆磊等人都对此持肯定态度。我国银行业明显缺乏透明性，这同银行及银监会等机构固有的制度缺陷有关；同时，缺乏有效的社会监督力量（即第三方部门）也是重要的原因。特别是后者鲜有人论及。本书欲结合阿马蒂亚·森关于透明性担保的重要意义及实现途径的论述和社会学中关于公民社会的相关理论来阐述我国银行业透明性缺失问题以及非营利组织健康发展对降低我国银行体系脆弱性的重要意义。

（三）从市场的角度来看

本书欲从三个层次论述市场因素对于我国商业银行体系的脆弱性的影响：

1. 银行业市场整体法治环境与商业银行体系脆弱性的关系

（1）市场本身是应对不确定性的有效机制

哈耶克认为，在市场经济条件下，由于有着众多的生产者和消费者，他们各自的经济活动和决策产生了巨量的信息，这些信息是进行资源配置所必需的。但是，这些信息分散在千百万人手中，这是市场经济的特征，是客观的。这种分散的信息只能通过市场过程进行交换和传递。所以，让各人利用所掌握的信息去各自行动、相互竞争、分散决策，才是实现资源合理配置的最佳方式。反之，任何中央计划当局都不可能拥有或者收集到全面的信息。正是由于这种信息障碍，所以中央计划当局所做出的计划难以对资源进行合理的配置。

（2）法治是市场机制发挥作用的先决条件

（3）对我国银行业市场的法治环境考察

2. 银行业市场结构与银行体系脆弱性

3. 商业银行与金融市场的竞争与银行体系脆弱性

（四）从个人选择角度来看

个人作为经济体系乃至社会的最基本的主体，其同样时时面临不确定性因素及其应对措施的选择问题。由于所处行业及部门不同，从而使个人选择问题也各自表现出不同的特点。银行业亦是如此。

第二章 中国商业银行脆弱性的特殊性分析

回顾自20世纪90年代以来世界上已经发生的几次重大金融危机，各个相关国家的银行业无不受到严重打击。与此对比，中国银行业仍旧稳稳当当，一枝独秀。在2008年，海外银行业遭遇重创，令人们对银行业前景表示忧虑，但中国银行业却应了那句俗话："风景这边独好"，过去的一年中，取得了超出市场预期的不俗成绩。截至2008年9月末，中国工商银行、中国银行、中国建设银行和交通银行的资本充足率分别为12.6%、13.9%、12.1%和13.8%，不良贷款率分别为2.4%、2.6%、2.2%和1.8%，[①] 都是超过基本标准水平的。当前在欧美银行遭受重创之际，中国的银行囊括全球市值最大银行的前三位。但这并不意味着中国商业银行体系没有爆发危机的可能性，因此我们必须积极思考中国商业银行当前的内外因素，采取有效措施避免银行危机的爆发，当然也要做好危机爆发后如何迅速恢复的准备。这正是银行脆弱性理论的重大实际意义所在。银行脆弱性的核心本质在于银行面临的不确定性及其如何应对的问题，是一个指银行的不稳定状态随时间动态变化的概念。因此，对于影响银行经营的不确定性的分析及预期决定了我们会采取什么样的措施，而这些措施无疑会在很大程度上决定银行未来发展的结果。而就中国来说，它的经济发展模式及银行产业的状况不同于其他任何国家，有其本身的特殊性，这恰恰构成了中国商业银行体系脆弱性的特殊性。深入理解中国商业银行体系脆弱性的特殊性是中国银行可持续发展的要求。

① 《中国人民银行货币政策执行报告》（2008年第四季度）。

第一节　银行业的特殊性与其脆弱性

银行业本身作为一个特殊行业，其经营和产品都具有明显的特殊性，而这些特殊性是银行脆弱性产生的内在因素。

一　银行产品的特殊性

银行作为一个特殊行业，它的产品具有明显的特殊性。银行产品的本质核心是一种特殊商品，即货币资金。而货币天然就隐含着银行的脆弱性。对此马克思曾指出，货币的出现使商品的买卖在时间上和空间上出现分离的可能性，结果导致货币与商品的转化过程出现不确定性，而货币作为支付手段的职能在客观上又会产生债务支付危机的可能性。后凯恩斯主义货币经济学派也认为，货币不仅仅是使需要的双重吻合（在新古典主义的易货经济中）不再是成交的必要条件的一种通用的配给凭证，而且是在不确定条件下为资本资产地位融资的一种特殊的债券，不确定性自身——或许我们可以补充说——则意味着资本主义制度潜伏的不稳定性。①总之，由于货币支付的不确定性，使得作为专门经营货币这种特殊商品的银行比其他机构更加不稳定。

银行业提供的产品的特殊性也决定了银行业经营管理的特殊性。一是银行经营管理必须贯穿于生产和流通全过程。由于银行的产品与服务是不可分割的，银行最终利润的实现在产品销售之初是不确定的，只有在产品期满后，银行整个生产过程才完全结束，成本和利润才基本确立。因此，银行的经营管理就十分重要。二是银行的产品和服务需要不断创新。由于各银行经营的金融产品在本质上都是一样的，即都是资金。因此，从产业竞争的角度就意味着，各个银行之间的产品具有很大的模仿性或者被模仿性。银行产品和服务的创新不仅存在必然性，而且是必须不断的创新。

二　银行产业的特殊性

银行作为一个特殊行业，又与一般的生产流通企业经营有根本的区别：

---

① ［美］斯蒂芬·罗西斯：《后凯恩斯主义货币经济学》，余永定等译，第17页。

一是银行资产负债的非对称性。银行具有一般企业没有的高资产负债比，其负债比一般高达80%以上。并且资产与负债的期限也不匹配，银行资产相对于其负债期限较长、流动性较差。关于这一点已经成为常识，研究者对此论述也众多，故不再赘述。

二是银行信贷交易和流动性的跨时性。银行信贷交易的跨时性是指当期信贷质量往往需要较长时间甚至是在整个偿还期内才能得到最终检验。而在这期间，银行资产负债表上其资产方总是在增加，因而以贷款存量和存贷利差的乘积表示的银行预期收入也在增加。流动性的跨时性是指只要存在负债（存款）扩张以保证备付金充足，则对存款人的支付是可以保证的。即银行可以用未到期存款来支付到期存款及利息或储户的临时支取来保证其流动性。这两点使得银行资产质量及流动性的真实性难以被人觉察，潜在风险很容易被掩盖。

三是银行公司治理的复杂性。由于银行外部性及银行合约的不完备性，因而其委托—代理关系较一般企业又复杂得多。由于银行直接涉及国家、企业及个人等多方面的不同利益相关者，他们之间信息不对称、预算软约束等问题突出。

四是银行产业的风险性和政府监管的重要性。由于银行的产品销售实际上不是所有权，产品的所有权和使用权的暂时分离就存在极大的风险。同时，银行是高资本杠杆的行业。即银行业是属于那种以极少的自有资本来运作远远大于自有资本的行业，因此存在很大的外部性。这种外部性也很容易转化为风险，尤其是银行的外部性很容易产生道德风险问题。因此，为控制这种外部性，政府必须对银行业有严格的监管。国家对银行业的监督和管理不仅如管理一般产业那样注重企业的市场行为的规范，而且必须对银行业发展规模、结构水平进行宏观调控，尤其应该密切注意银行业的资本充足率、不良贷款等，保证银行安全平稳地经营。

五是银行产业市场集中度较高。由于银行产业涉及国家经济金融安全，所以许多国家的银行产业进入壁垒高于一般产业，市场集中度也较高，大多数市场经济国家银行市场的模式是寡头垄断模式。

银行业产品及经营的特殊性是决定银行脆弱性存在的内在基本因素，并且这些特殊性的存在使得银行较其他机构更易滋生脆弱性，但这种脆弱性并不必然导致极端的后果，即银行破产或倒闭以及银行危机的爆发，同其他大多数事物的发生一样，它需要外部条件或外部原因。不同的国家由于其政治、文化等方面的差异，这些外部条件或外部原因也不同，从而决定了各国商业银行脆弱性的特殊性。下面，结合中国的实际情况考察中国商业银行脆弱性的特殊性。

第二节　中国商业银行业的特殊性与其脆弱性的特殊表现

一　中国商业银行业的特殊性

（一）中国银行业发展经历的特殊性

中国的银行体系也是从一个机构——单一银行（中央银行）演变而来，该银行同时负责货币政策和商业银行业务。中国商业银行体系的发展严格服从于国家赶超型发展战略，因而其发展的每一环节都受到较严格的金融控制。即便经历了专业银行、股份制银行的一系列市场化改造过程，商业银行和政府的关系仍然非常密切，这有别于大多数国家。张杰认为，中国渐进改革的成功要求必须存在一个不是按照商业原则而是根据政府偏好运作的国有银行体系。① 这一点实际上体现在整个中国的银行体系的变迁过程中，即中国的银行业的产业形成具有鲜明的中国特色，突出表现在银行产业的快速形成是政府推动的结果，而不是市场竞争的结果。这也是中国银行脆弱性的最主要根源所在。

（二）中国商业银行功能的特殊性

中国大型商业银行在经营功能上明显存在政策性和商业性冲突的特点，表现为政府部门对商业银行经营行为的干预。在 1994 年以前，通常的表现是商业银行目标混乱，职责不清。这样的后果是：一方面政策性任务缺乏必要的资金支持，另一方面经营性风险和亏损又被政策性任务掩盖起来。1994 年以后，专业银行和政策性银行的分离以及以后的股份制改革，中国主要商业银行市场化改革取得重大突破，这种情况得到很大改善，表面上中央及地方政府直接的政策性业务已经很少，但实际干预仍然很多。这有其必然性，陆磊等（2006）认为，尽管经过多年的改革，地方政府的直接干预行为基本不复存在，但只要经济增长率仍然是衡量地方政

---

① 张杰：《经济变迁中的金融中介和国有银行》，中国人民大学出版社 2003 年版，第 161 页。

府绩效的主要指标，经济增长的主要推动力仍然是投资，则各种形式的干预仍将继续存在。[①]

（三）中国商业银行股权资本结构的特殊性

股份制商业银行的股权资本结构对商业银行经济行为有着重要影响。欧美国家的商业银行其股权总的说来较为分散，最大股东通常也就持有4%—5%的股权。这就决定银行经理层对银行经营管理有相当大的自主性，并且对其经营行为的约束主要来自市场（见表2—1）。

表2—1 著名国际银行股权状况 单位：占总股本比%

	美洲银行	汇丰银行	花旗银行	德意志银行
最大股东	4.1	4.43	3.26	4.99
前5大股东占比	15.9	15.91	13.43	13.41
前10大股东占比	22.7	19.45	18.97	17.35
前20大股东占比	29.9	23.01	24.25	21.03

资料来源：中国经济信息网：2007年中国行业年度报告系列之银行。

与此情况相反，中国股份制商业银行大多数股权相当集中，并且主要大股东是国家股和国有法人股。这种特殊的股权资本结构必然表现为中国商业银行经营行为与国外商业银行差别很大。

（四）中国商业银行市场结构的特殊性

中国商业银行市场结构的特殊性表现为明显的国有商业银行的市场垄断。尽管改革开放以来，银行市场的竞争性有所加强，但是大型商业银行寡头垄断的基本态势并没有改变：

1. 以资产总额计算

国有商业银行的市场份额由2002年年末的70.3%下降到2007年年末的53.25%，股份制商业银行资产占比由11.2%上升到13.78%。[②]

① 陆磊等：《中国国有银行改革的理论和实践问题》，《金融研究》2006年第9期，第1—14页。

② 数据来源：《2008年度银行业报告》。

2. 从银行机构的贷款市场份额来看

2007 年大型商业银行的比重为 49.87%，股份制商业银行为 14.44%。①

3. 从市场集中度及竞争力指标来看

我国学者关于中国银行这一特性的研究文献几乎可以说是银行相关问题中最多的。传统的产业组织理论从竞争有利于市场主体行为的角度出发，认为竞争性强的银行业市场结构有利于产生竞争绩效，提高银行效率，并且可以让银行在最低价格水平上提供最大数量的信贷资金来使社会福利最大化。很多我国研究者支持此观点。如于良春、鞠源（1999），王栋、王静然（2000），赵旭、蒋振声、周军民（2001），焦瑾璞（2001），徐传谌、郑贵廷、齐树天（2002），刘伟，黄桂田（2003），杨晓光，卢授永（2003）以及林毅夫，姜烨（2006）等。但 Nicola Cetorelli 等（2000）认为垄断的银行市场结构可能很有利于银行的稳定。这是因为银行数量较少，不会存在过度竞争，从而银行能够对贷款者进行甄别。② 针对中国银行业市场结构既有的寡头垄断模式，不少学者认为寡头竞争均衡在维持金融稳定方面具有其比较优势。中国银行业如果要引入行业竞争，应该是在现有寡头银行之间的竞争，而不是通过制造更多的银行机构与现有寡头银行进行竞争。如李华民（2005），陆磊、李世宏（2005），黄隽（2007）等。综上所述，银行市场结构与银行脆弱性的关系是不确定的：竞争性的市场结构有利于银行效率提高，但过度竞争又不利于银行稳定发展；同样，垄断性的市场结构不利于银行效率的提高，但却是比较稳定的。实际上，这两方面与银行脆弱性都有较为密切的联系，垄断导致的效率低下会降低银行长期的资本清偿能力，从而加大其脆弱性；而竞争过度又会导致逆向选择和道德风险的增多，从而加大银行脆弱性。因此，毫无疑问，形成一个合适的银行业市场结构是重要的。但当前更重要的是：在中国哪一个是主导矛盾？显然，垄断的银行市场结构造成的效率低下是当前的主要问题所在，它对银行脆弱性的影响是降低银行的赢利创新能力，削弱其长期的资本清偿能力。

---

① 数据来源：《中国人民银行金融稳定报告》（2008）。

② Nicola Cetorelli，Pietro F. Peretto，Oligopoly Banking and Capital Accumulation [Z]，Federal Reserve Bank of Chicago Working Paper，2000（12）.

表 2—2　　1996—2005 年银行市场集中度及竞争值

年份	H 值	银行数量	CR_5（%）
1996	0.78	36	92.2
1997	0.45	88	79.4
1998	0.38	105	91.2
1999	0.64	106	90.99
2000	0.50	116	86.1
2001	0.61	123	83.2
2002	0.96	126	80.9
2003	0.64	127	78.4
2004	1.21	132	77.6
2005	1.14	135	76.7

资料来源：转引自黄隽《银行竞争与银行数量关系研究》，《金融研究》2007 年第 7 期，第 78—93 页。

二　中国商业银行脆弱性的特殊表现

（一）国家支持与银行的“超稳定性”

中国商业银行体系的脆弱性同宏观经济运行态势紧密相连，这似乎与传统的脆弱性理论相符，但中国的宏观经济在很大程度上受国家较为严格的控制所影响，并且其干预力度相当大。审慎的金融监管、中央银行的最后贷款人职能和存款保险制度，构成了大部分国家金融安全网的三大制度安排。在我国，政治保障是金融安全网最强有力的支柱，也是最具中国特色的维护金融稳定的天然屏障和优势。① 这使得中国主要商业银行，特别是大型商业银行具有一种“超稳性”，即不管银行的经营业绩多么不理想，财务指标多么不良，但没有人怀疑一点：只要国家还在，银行就不倒。在中国的制度环境中，大型商业银行由于国家的全力支持，实际上意味着有举国财政的支持。这种现象与西方国家的商业银行形成突出的对比。20 世纪 90 年代，美国评级机构曾经认为，按照国际银行业经营标准（主要是欧美国家银行业标准），中国的一些商业银行早就处在破产境地。在西方国家，如果商业银行被国家主导控制就意味着银行危机。因此，中国商业银行脆弱性问题与欧美国家银行脆弱性问题在根本上不同。所以，中国商

① 《人民银行金融稳定报告》（2007）。

业银行大量不良贷款可能并不意味着银行的不稳定，而只是仅仅表明中国商业银行效率的低下。这是中国商业银行脆弱性问题的最特殊表现。

（二）银行信贷资产的行业集中度过高

中央和地方政府偏向于大企业或高赢利行业的投资倾向，使得商业银行的贷款集中度过高，造成风险积聚，难以分散。一旦市场行情发生逆转，银行大量信贷就可能变为不良贷款，使银行资本的清偿能力受损。

2007 年我国商业银行的贷款主要投向了房地产业，交通运输、仓储和邮政业，电力、燃气及水的生产和供应业，水利、环境和公共设施管理业，制造业等行业。在新增贷款中，个人贷款 11611.59 亿元，制造业贷款 8615.40 亿元，房地产业贷款 3550.91 亿元，交通运输、仓储和邮政业贷款 3483.28 亿元，上述四类贷款占新增贷款比例接近 70%。

以商业银行在房地产行业的贷款为例，由于房价涨幅居高不下，房地产业利润较高，造成房地产贷款在各家商业银行贷款总量中的比重不断提高。截至 2007 年年末全国商业性房地产贷款余额 4.8 万亿元，同比增长 30.6%。其中，房地产开发贷款余额 1.8 万亿元，增长 25.7%；购房贷款余额 3.0 万亿元，增长 33.6%。房地产贷款在金融机构人民币各项贷款中的占比快速增长，已接近 20%。随着房地产贷款的快速增长，其风险也正在不断增强。特别是随着宏观调控的不断加强，针对房地产以及与房地产相关的上下游行业，如水泥、钢铁等行业的风险虽然已经引起商业银行的关注，但由于物价的不断上涨、实际负利率的趋势进一步增强所产生的负向激励，可能使房地产价格还能维持在高位上运行，此时房地产价格波动对银行信贷风险的潜在影响就尤其值得关注。

（三）银行收入结构单一

商业银行收入结构是指商业银行各项收入来源的构成状况，主要分为利息收入和非利息收入两大部分。商业银行收入结构的合理与否直接反映了其获利能力和竞争水平，最终会影响银行的清偿力。

总体而言，我国国有商业银行的收入结构比较单一。西方商业银行的赢利构成较为多元化，非利息收入占比较高，其比重也呈快速上升趋势，如美国银行业非利差收入占总收入的比重从 1980 年的 22% 上升到了 1998 年的 25%、2003 年的 36%。2003 年，美洲银行非利差收入占总收入的比重为 43.3%，花旗银行为 46%，摩根大通银行高达 47.2%。而像亚洲一些国家的好银行，一般也达到 40%。与此相比，目前，我国国有商业银行和股份制商业银行其中间业务收入占比为 17.5%；城市商业银行的中间业务收入占比是 3.67%。显然我国商业银行收入过于依赖利差收入，这决定了其化解风险的手段的单一。

（四）银行业资产负债的期限错配日益严重

所谓资产负债期限错配是指商业银行依靠短期存款来为长期贷款融资时产生的期限不匹配问题。

长期以来，我国商业银行一直存在存贷期限错配问题，2007 年这一问题表现尤为突出：短期存款比例逐步上升，银行存款活期化趋势日益加强；短期贷款投放比例下降，而中长期贷款比例则不断提高。一方面，受资本市场尤其是股票市场交易活跃的影响，2007 年我国银行业人民币各项存款特别是储蓄存款出现明显的活期化趋势。截至 2007 年年底，人民币活期储蓄存款余额 6.76 万亿元，占储蓄存款余额的 39.18%；比年初增加 0.90 万亿元，占新增储蓄存款的 82.33%。活期储蓄存款在储蓄存款中占比不断增加，银行业金融机构资金来源不稳定性有所加大。另一方面，商业银行的中长期贷款占比不断增大。2007 年我国累计新增中长期贷款 2.51 万亿元，比 2006 年多增 6079 亿元，新增中长期贷款占全部新增贷款的 69.1%，比 2006 年上升 9 个百分点。可见，目前我国银行存贷期限结构不匹配现象已经十分严重。

资产错配对银行的正常经营造成了潜在威胁。在经济繁荣期，这种“短存长贷”的负面影响会被掩饰起来，而一旦经济陷入周期性低谷，则会放大银行经营风险，使银行面临较大的期限结构错配风险和流动性风险。

（五）银行业资本利用效率相对低下

我国商业银行长期以来，只重信贷规模扩张，不重资本使用效率。尽管通过一系列外部融资措施，我国主要商业银行的资本实力逐步增强，大部分银行资本充足率符合监管要求，但在银行现有的经营模式下，银行资本的利用效率不高，存在较大的资本浪费。加之，银行贷款规模的快速扩张趋势难以减弱，使得银行风险资产的增长速度仍将高于资本净额的增长速度，银行又会出现在增加风险资产的业务发展过程中通过外部融资方式补充资本的现象，而银行的资本金增长是有限的。因此，从长远来看，我国商业银行仍将继续面临业务的快速发展与资本硬约束的矛盾，如果现有的经营模式不加以改变，银行未来补充资本金的压力将依然存在。

（六）银行创新能力不足

创新是商业银行持续赢利和有效化解风险的有力保障。我国商业银行的创新能力欠缺，其明显表现是金融衍生品方面的创新能力不足。尽管目前我国金融衍生品市场建设取得了一定的成绩，但与国际金融衍生产品市场相比，其发展仍存在许多亟待解决的问题：一是大多数国内银行缺乏产品设计能力和定价能力，不得不依赖外购的交易系统，对这些系统的定价模型的构建了解不深，在交易复杂衍生产品时仍然需要向外资银行询价并进行背对背交易，获得的交易收益份额较低，有时却承担了双重交易对手的信用风险，在市场上处于不利的地位。二是衍生产品品种还不丰富，存在流动性不足问题。不仅银行间市场上的衍生产品品种不够丰富，场内交易的金融衍生产品也很缺乏。我国目前仍然缺乏债券、股票和外汇期货等场内衍生产品，使银行间产品定价、盯市、对冲，特别是风险管理模型不易落实。此外，我国金融衍生产品交易的规模相对较小，并且衍生产品交易币种也主要集中在人民币和美元，其他币种衍生品交易规模就更小。市场流动性不足意味着一个新的市场参与者不能及时在市场上找到合适的交易对手对冲风险头寸，从而会导致衍生产品交易市场管理风险的效率大打折扣。三是衍生产品参与者范围尚不广泛。目前金融衍生产品的主要参与者仍然是银行间市场的参与者，特别是人民币债券远期交易与人民币利率互换还是仅在银行间市场进行试点交易，尚未向全社会有避险需求的客户开放。

第三节　中国商业银行脆弱性的特殊性原因分析

作为一个不争的事实，中国当代所有的经济问题虽发生在经济领域，但其根源却深植于非经济领域。同样，中国商业银行体系的脆弱性问题其根源也是深植于金融领域乃至整个经济及社会领域。而银行业出现的大量问题都是中国经济多种矛盾的直接或间接的表现。另外，金融系统首先是实际经济需求的产物，然后才是经济绩效的驱动力。因此，必须从中国的经济发展模式、中国经济及金融改革的特殊性、中国社会的制度、文化等方面去考察中国商业银行脆弱性的特殊性原因。

一　政府过度干预是中国商业银行脆弱性的特殊根源

中国商业银行脆弱性的特殊原因直接与中国商业银行业的特殊性相

关。从上述分析中可知，中国商业银行业具有自己的明显特征，归纳如下：

（1）商业银行和政府的关系仍然非常密切，中国商业银行体系的发展严格服从于国家赶超型发展战略，因而其发展的每一环节都受到较严格的金融控制。

（2）中国的银行业的产业形成具有鲜明的中国特色，突出表现在银行产业的快速形成是政府推动的结果，而不是市场竞争的结果。

（3）中国大型商业银行在经营功能上明显存在政策性和商业性冲突的特点，表现为政府部门对商业银行经营行为的干预。

（4）股权结构的特殊性。中国股份制商业银行大多数股权相当集中，并且主要大股东是国家股和国有法人股。

（5）中国商业银行市场结构的特殊性表现为明显的国有商业银行的市场垄断。

这些要点都反映出政府因素对中国商业银行的干预过度。尽管商业银行从来不完全独立于政府，这是金融信贷关系演变为国家法偿信用体系后的一般规律。但是中国的特殊之处在于，政府部门对商业银行干预的广度和深度远远超过大多数市场国家。这是中国商业银行脆弱性的特殊根源。

二　政府过度干预商业银行经营的深层次原因

（一）政府主导的赶超经济发展模式

自 1978 年以来，中国执行的是类似日韩式的产业发展政策，利用政府的计划对经济进行了积极干预，扶持部分产业领域的发展，影响企业的投资决策。其要点如下：

（1）国家的经济发展起始于一个很低的基础，因而需要快速而大规模地集中动用各种资源，自然包括金融资源，这决定了政府干预银行融资的客观必然性。

（2）政权的合法性来自经济发展的成功，从而经济发展往往被当做国家和地方政府的目标。为了达到这种目标，投资冲动行为成为地方政府部门的常态，为达到筹集投资资金的目的，使其有干预商业银行的强烈动机。

（二）中国经济改革的特殊性

中国的经济改革从整体上来看，应该注意以下几个与西方发达国家不同的特点：

第一，中国是一个社会主义国家，有着与西方发达国家不同的政治制度。这是理解中国经济问题的首要条件。就金融体系来说，审慎的金融监管、中央银行的最后贷款人职能和存款保险制度，构成了大部分国家金融安全网的三大制度安排。但在我国，政治保障是金融安全网最强有力的支柱，也是最具中国特色的维护金融稳定的天然屏障和优势。① 这是中国商业银行脆弱性特殊表现的“超稳定性”的决定因素。

第二，中国经济改革的渐进性与非均衡性。中国当前正处于农业社会向工业社会过渡（农村）和由工业社会向后工业社会过渡（城市）的阶段，二元经济结构特征依然明显。中国的产业以及其融资体系（主要是商业银行）也都相应呈现出二元结构的特征。

第三，中国经济发展的快速。世界上第一个实现了现代化的国家——英国，经历了从1649年到1832年共183年的时间；美国经历了从1776年到1865年共89年的时间。欧洲其他13个从拿破仑时代进入现代化的国家也经历了73年的时间。而在第二次世界大战后进入现代化的国家，与发达国家相比，这些后发展国家经济的发展，利益的冲突，阶层的分化，价值观的转变以及民众参与改革的期望，都发生了急剧的变化，远远超过了这些国家政治体制的承受力，导致社会的紊乱。中国的赶超型发展战略使其现代化进程更快，只有短短30年，发展速度与效益的矛盾十分突出。从20世纪70年代末期以来，随着中国经济持续快速发展，发达国家上百年工业化过程中分阶段出现的环境及社会问题几乎都在中国集中出现，环境与发展的矛盾日益突出。资源相对短缺、生态环境脆弱、收入差距迅速拉大等，逐渐成为中国发展中的重大问题。另一方面，中国经济改革从制度方面来看，总体态势是逐步变迁的。这就导致很多制度与快速发展的经济形势难以匹配，增大了矛盾的复杂性。

（三）中国金融改革的特殊性

中国的金融改革突出了政府主导、自上而下的特征。表现在以下几方面：②

（1）改革的动力主要来自上面，而不是下面。来自上面则避免不了

① 《人民银行金融稳定报告》（2007），中国人民银行网站。

② 曾康霖：《金融改革的回顾与评价》，《金融研究》2008年第4期，第1—8页。

“长官意志”。

（2）改革主要是沿着强化宏观调控的思路行事，而较少考虑如何调动下层的积极性。

这反映出改革意味着权力的集中，而不是分散。在幅员辽阔、人口众多、社会经济差距较大的中国，在层次较多的行政体制下，改革中强化集权，有它的必要，但集中以后在行为措施上，往往“一刀切”、“齐步走”、“不承认差别或忽视差别”，结果导致“苦乐不均”、“事倍功半”，也就是说效应欠缺甚至负效应。

（3）更多的是从供给方面去思考改革，较少关注或忽略了社会公众对改革的需求。

具体地说，一些改革措施是在办公室里想出来的，当然某些想法初衷还是好的，想借鉴别人的经验和做法满足公众需要，但对公众需不需要，不甚了解，怎样满足需要，未想周全，这样，想当然却行不通。名义上改了，实际上未改，表面上前进，实际上停滞不前，理论上是进步，实际上是退步。

总之，金融改革中政府主导，自上而下的特征也凸显在我国商业银行改革的过程中，从而最终导致银行经营过程中的政府过度干预。

（四）中国的社会制度及文化的特殊性

中国有着与西方国家不同的文化背景和价值观，中国的文化背景和价值观与西方的文化背景和价值观有着很大的不同，有些方面甚至正好相反。我们生活于其中的制度决定了处理不确定性的方式。① 而银行脆弱性的本质在于如何应对不确定性因素。资本主义有它自己的处理方式，社会主义又有另外的处理方式。② 所以，社会文化制度的不同，决定了中国经济主体分担风险的微观行为与其他国家的差异性，从而影响了中国融资模式的形成以及与之相应的商业银行脆弱性的类型。

鉴于中国商业银行脆弱性的特殊性原因的复杂性和重要性，本书将在以下几章中对此进行重点论述。

---

① ［美］斯蒂芬·罗西斯：《后凯恩斯主义货币经济学》，余永定等译，第17页。

② 同上。

第三章　被动积累机制：中国商业银行体系脆弱性的根源

国内学者从2000年起开始关注银行脆弱性问题并进行了大量的研究。相对于西方学者主要是从经济周期及商业银行的微观经营机制的角度来研究银行脆弱性，很多国内学者注意到我国国情的特殊性，都把政府因素归为影响商业银行脆弱性的重要变量，如黄金老（2001），刘锡良和曾欣（2003），王国松（2004），李扬和刘煜辉（2005）等，虽然这些研究的观点各异，但大致可以归纳为三方面：一是政府直接干预国有商业银行经营；二是政府隐性担保产生的道德风险；三是中央财政分权问题导致地方政府产生干预商业银行的不良激励。总之，政府行为是中国商业银行脆弱性极为重要的影响因素。对此，本书也深为赞同，并在以上既有的研究基础上进行一些补充：通过引入国家经济发展的AD模式，从经济发展战略角度阐释政府行为对商业银行脆弱性的被动积累的影响，揭示商业银行营利性和安全性之间矛盾的根源。

第一节　国家在经济发展中表现模式及作用

一　国家与市场的关系决定了经济发展模式

国家和市场的关系是各国经济发展中一个古老而又不断变化的主题。事实上，经济学理论可以说基本是在国家对市场的“干预”和“反干预”的争论中发展前进的。最显著的莫过于两次重大的转变：在“重商主义”之后，由于市场的扩大、需求的增加，商业资本向工业资本转变，国家干预开始向自由放任转变。1776年，亚当·斯密的《国富论》提出了“守夜人”观点，成为此后一百多年的主流思想。20世纪30年代，世界经济危机导致了西方经济学说的重大转变，即自由市场学说让位于凯恩斯的国家干预经济的理论。20 世纪 70 年代的“滞胀”又导致经济学主流回归到自由市场主义。但此后，大多数经济学家在承认市场主导的基础上，国家和市场的关系在一国经济发展中不再是简单的根本对立，而是主导和辅助的关系，不同的是两者在经济发展过程中的作用程度，而国家干预经济的手段和程度由于本国的特殊性因素，可以有相当大的差别：①

在最低的干预层次上，国家可以通过价格机制，比如通过税收和补贴，来改变企业的成本收益结构，从而改变其行为。税收和补贴、转移支付这些方法，有时也用来作为调节社会收入的分配手段。

在中等的层次上，国家可以通过行政和法律手段，鼓励、禁止和规范产业和企业的行为。

在最高层次上，国家可以拥有并直接管理和操作企业，将企业资源直接用于实现政府的就业、居民收入和其他经济或非经济目标。

但不论如何，共同的基本认识②是绝大部分国家当前的经济发展模式的真实反映：在保证市场经济主导的同时，国家不同程度地进行干预。国家干预程度的不同取决于不同的初始条件及发展目标等不确定因素，从而决定了一国的具体发展模式。

总的来看，相对于西方国家，东亚国家包括中国由于历史及地缘关系，其经济发展模式在大体上有较多的相同之处，即国家相对于市场在经济发展中的影响要远远大于西方国家。即在西方国家，增长的动力一直是个体的私人企业家，政府起着有限的作用，而在亚洲，政府一直更加活跃。

二 东亚国家及中国的威权发展模式（AD 模式）

在 20 世纪 70 年代到 90 年代亚洲经济实体（简称 HPAEs③）的经济迅速增长，引人注目。其成功的一个重要原因就是国家干预经济，通过推动国内私人投资和人力资本的迅速扩大等多项举措促进经济发展。可以说在此期间，国家是增长的主要动力。中国从 1978 年改革后的飞速发展有着

---

① 王一江：《国家与经济》，载田国强主编《名家学术演讲录（第一辑）》，上海财经大学出版社 2006 年版，第 54—86 页。

② 即市场和国家两者是主导和辅助的关系，只是在程度上因国别而不同。

③ 中国香港、韩国、新加坡、中国台湾，以及东南亚的三个新兴工业化国家，即印度尼西亚、马来西亚和泰国。

同样原因：在过去的30年，中国执行了一套类似日韩式的产业发展政策，利用政府的计划对经济进行了积极干预，扶持部分产业领域的发展，影响企业的投资决策。

大野建一（2007）认为这归功于东亚国家特有的经济发展模式，即为了打破贫困陷阱、启动增长，东亚大多数国家建立了威权发展模式（authoritarian developmentalism，AD），或者有良好经济推动能力的威权政府。①这种体制的要点可以总结如下：

（1）采用威权发展模式的原因在于国家的经济发展起始于一个很低的基础，因而需要快速而大规模地动用各种资源。

（2）强势而懂经济的领导人最为关键，或者有辅佐领导人制定和实施经济政策的技术精英集团。国家最高领导人的作用至关重要，他们必须非常强大，并且懂得经济事务。对于促进经济增长的要素，有较为良好的判断，并能采取相应的政策选择和任命人才行为，从而形成完整的发展模式和战略。

3. 政权的合法性来自经济发展的成功，从而经济发展往往被当做国家目标、意识形态支撑基础。

显然，日本、中国台湾和韩国的经济快速发展都曾得益于威权发展模式。通过将中国发展的国情与以上几点相对照，很容易得出：中国在改革开放后，计划经济逐步让位于市场经济，中国在邓小平及其他领导人带领下执行的也是威权发展模式并且取得了令人瞩目的成绩。从历史的角度来看，一个强有力的权威政府在赶超战略中十分重要，其能有效地纠正了市场失灵，弥补了市场不完善的缺陷。然而，对这个权威政府也有严格的要求，即首先自己不能失灵，否则一个失灵的政府来纠正一个失灵的市场，导致双重失灵，只会使问题更糟。

第二节　中国商业银行体系脆弱性的被动积累模型：基于AD模式的视角

一　AD模式与中国经济赶超战略及经济的粗放型增长方式

中国经济发展的AD模式能够揭示中国实行赶超战略及粗放型经济增

① ［日］大野建一：《东亚的经济增长和政治发展：从AD模式到DD模式的平稳过渡》，载吴敬琏主编《比较》第32辑，中信出版社2007年版，第1—17页。

长方式的动因、条件及其后果。

中国实行赶超战略的原因非常简单，就是国家经济发展的低起点及紧迫性，而AD模式的另一特征是：政权的合法性来自经济发展的成功，从而经济发展往往被当做国家目标、意识形态支撑基础。这也说明了改革过程中各地方政府进行“GDP锦标赛”的必然性。

而能够实行赶超战略的一个重要条件是强势政府的存在。这里有必要对中国的强势政府进行说明。它有两层含义：即强势中央政府和强势地方政府。

第一，强势中央政府。中央政府的集权机制很有效，能够快速而大规模地动用各种资源，实行国家的总体战略，并能对地方政府形成强有力的约束。对此含义有力的补充是杰拉德·罗兰德（1995）的观点：中国政府对经济的控制力度远远强于这些国家，即中国是一个强日程安排国家，政府在行动过程中能够不受工商利益集团左右。①

第二，强势地方政府。指地方政府同中央政府一样对资源配置具有较强的控制力，这是改革后各地经济能够迅速发展的重要原因。陆磊和李世宏（2004）对强势地方政府的定义能够较全面地反映这一点：

> 这里所定义的“强势地方政府”并非市场化程度低的地区的政府，新形势下的行政干预也往往采取更为隐蔽的“交易”而非“行政命令”的方式。因此，恰恰是发达地区，由于地方政府财力相对更为雄厚，土地、基础设施等资源回报率更高，而项目或资源的控制权成为诱使金融机构履行行政意图的重要手段。所以，事实是，发达地区的地方政府更为强势，干预金融机构的能力更强。②

实行赶超战略的后果必然是经济发展的粗放方式和非平衡性。对于中国，大野建一特别指出：“在增长与社会事务两者平衡的问题上，邓小平时代（1978—1997）显然把前者放在了首要位置，并且成功地在90年代

① 杰拉德·罗兰德：《东欧所有制转型中的政治经济学问题》，载［日］青木昌彦、钱颖一主编《经济中的公司治理结构：内部人控制和银行的作用》，中国经济出版社1995年版，第44—72页。

② 陆磊、李世宏：《中央—地方—国有银行——公众博弈：国有独资商业银行改革的基本逻辑》，《经济研究》2004年第10期，第45—55页。

加速了增长。然而，高速增长不可避免的后果，例如收入不平等、环境破坏、腐败、资产泡沫等，正逐渐成为政府的烦恼。”[①] 也许更重要的是，中国 AD 模式下的长期的赶超战略以及经济粗放型增长方式对市场主体之间的关系及行为多方面的扭曲，如地方政府出于自身利益的机会主义行为、国有企业缺乏独立自主经营的动机、很多非国有企业经营范围及空间受到限制，等等。这些行为及关系无疑都会对中国实体经济及金融领域造成重大影响。

二　AD 模式对中国金融改革及商业银行行为的影响

（一）AD 模式对中国金融改革影响

总的说来，金融领域内的改革充分体现了 AD 模式的特性，即政府主导性。以下几点清楚地表明了 AD 模式下中国金融改革的特征：[②]

（1）改革的动力主要来自上面，而不是下面。来自上面则避免不了“长官意志”；在银行领域则表现为，习惯于计划性、行政性的管理模式，这与市场经济的发展程度是不符的。

（2）改革主要是沿着强化宏观调控的思路行事，而较少地考虑如何调动下层的积极性。

这反映了改革意味着权力的集中，而不是分散。在幅员辽阔、人口众多、社会经济差距较大的中国，在层次较多的行政体制下，改革中强化集权，有它的必要，但集中以后在行为措施上，往往“一刀切”、“齐步走”、“不承认差别或忽视差别”，结果导致“苦乐不均”、“事倍功半”，也就是说效应欠缺甚至负效应。

（3）更多的是从供给方面去思考改革，较少或忽略了社会公众对改革的需求。

具体地说，一些改革措施是在办公室里想出来的，当然某些想法初衷还是好的，想借鉴别人的经验和做法满足公众需要，但对公众需不需要，不甚了解，怎样满足需要，未想周全，这样，想当然却行不通。名义上改了，实际上未改，表面上前进，实际上停滞不前，理论上是进步，实际上

---

① ［日］大野建一：《东亚的经济增长和政治发展：从 AD 模式到 DD 模式的平稳过渡》，载吴敬琏主编《比较》第 32 辑，中信出版社 2007 年版，第 1—17 页。

② 具体内容可参见曾康霖《金融改革的回顾与评价》，《金融研究》2008 年第 4 期，第 1—8 页。

是退步。

（二）AD模式对中国商业银行行为的影响

中国商业银行可分为两个层次，即国有银行和股份制银行。对于国有银行来说，AD模式对其行为的影响显而易见，即同AD模式对中国金融改革的总体影响一样：其经营模式尽管历经改革，但其自上而下，服从国家发展战略的特点仍然明显，其经营主动性远远低于国外同行业。对于股份制商业银行，尽管其经营自由度[①]似乎要高于国有银行，但仔细考察其资本结构以及收入结构，[②] 我们会发现国家及地方政府对其经营行为的影响力几乎不低于国有银行，其经营独立性同样不足。

事实上，在AD模式下中国对商业银行体系的控制显然要强于其他国家，因此国家的经济发展战略无疑对商业银行的约束力是较强的。再考虑到中国银行业从根本上不同于西方国家自由演变历程，突出表现为经济发展中的国家主导特征。具体来看，中国商业银行体系的发展是由国家一手推动，从仅有中央银行到专业银行，再到国有商业银行和股份制商业银行，中国商业银行体系的演变路径是严格遵照国家经济发展战略的，始终处于国家发展战略的辅助及从属地位。

综上所述，中国商业银行行为的一个明显特征就是其经营方式被动性。对此有两点需要说明：一是这里对于商业银行经营行为被动性的说明只是基于AD模式的逻辑，可能过于简单，因此本书将在后续部分对其进行详细论证；二是商业银行行为的被动性与其脆弱性紧密相关。本书前面已经指出银行脆弱性实质是银行面临的不确定性及其如何应对的问题，而银行行为的被动性特征显然不利于其在不确定性环境中的行为选择。试想如果商业银行在面临经济的突然波动或其他冲击时，其对有效行为的选择因为被动性不能够采取合适的应对措施，长此以往，通常其最终结果就是要么亏损倒闭，要么国家对其救助。因此，商业银行行为的被动性越强，其脆弱性也就越强。

三　中国商业银行体系脆弱性的被动积累模型

结合以上讨论，在这一小节将通过两个图形（即流程图和包含图）来

---

① 指相对于国有银行，其受国家发展战略及相关政策性任务的约束的程度。

② 具体分析详见本书下一章：独立性视角下的中国商业银行体系的脆弱性。

简要说明中国商业银行脆弱性的被动积累的特性。

（一）银行脆弱性被动积累机制的原理

本书借助图3—1来阐述我国商业银行体系脆弱性被动积累机制的产生原理。

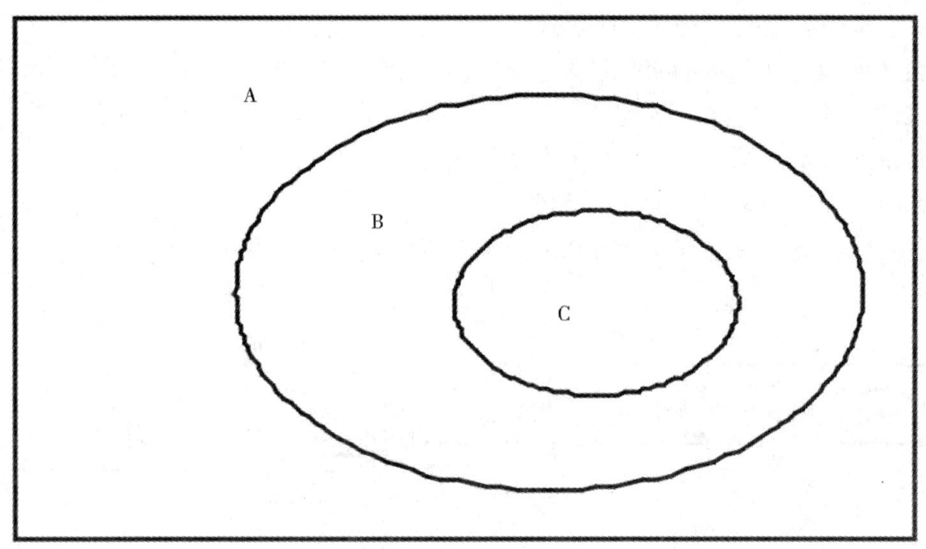

图3—1　我国商业银行体系脆弱性被动积累机制产生原理

矩形A表示国家经济发展初始所处的不确定性环境。

椭圆B表示国家针对不确定性环境所制定的经济发展战略，即商业银行体系的外部制度约束集。

椭圆C表示商业银行自身的条件。

这个图形说明了商业银行体系脆弱性产生的外部制度性根源。对于任何经济体系来说，金融系统首先是实际经济需求的产物，中国的情况不仅如此，而且更多地体现了国家主导经济发展的意志。从经济体系的形成来看，西方国家的经济体系形成的自然演进方式通常表现为由微观到宏观，自下而上。即总体经济是先始于微观经济个体的市场经营活动，发展到一定阶段后，由国家加以归纳吸收众多个体的交易规则并将其法制化。而在AD模式下，中国经济体系的建立始于国家计划，国家按既定的经济发展战略集中所有力量由上而下推行，由宏观体系再到微观个体活动机制，因此就经济主体的自由度来讲远远不及西方国家。中国商业银行历经多次改革的过程就体现了这样的特点。这种经济体系形成的宏观决定微观的制度特征使得中国商业银行外部制度的约束极强，导致银行主体的经营行为缺乏自由度，从而产生银行脆弱性的被动积累。

（二）银行脆弱性被动积累机制的产生过程

原理图说明，对于AD模式下的中国，国家在经济发展中应对不确定性（由国内外环境的变化造成）的一系列制度变革及政策变化构成了商业银行体系行为的强制度约束，使得中国商业银行的经营行为呈现出被动性而缺乏必要的灵活性，在应对各类不确定性因素时不能采取有效措施，两者的结合就产生了商业银行脆弱性的被动积累问题。下图3—2则显示了在实际经济运行过程中商业银行脆弱性被动积累产生的具体路径：

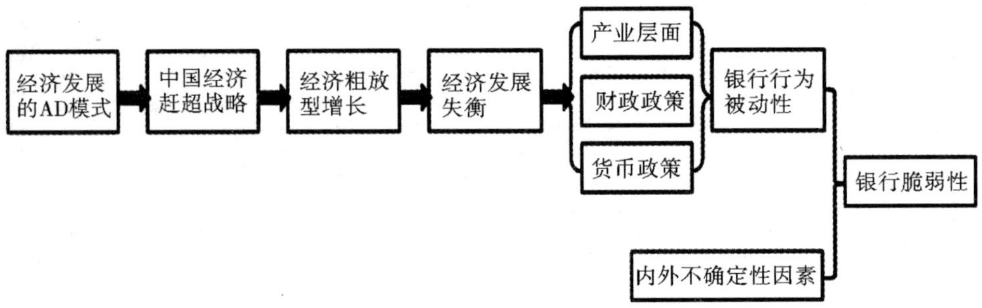

图3—2 经济运行中商业银行脆弱性被动积累产生路径

在中国经济发展的AD模式下，经济赶超战略的必然结果是经济发展失衡，其对银行脆弱性的影响是：产业层面的失衡从根本上决定了银行不良的收益结构；财政及货币政策的不匹配造成了对银行经营的不良激励或限制了银行经营的自由度，这些因素共同作用使银行经营行为缺乏应有的灵活度，被动性表现明显，最终表现为银行脆弱性的被动积累。

第三节 中国商业银行脆弱性的被动积累机制

上面的模型分析，表明银行脆弱性来自银行所处的内外经济环境的变化及其行为选择的被动性，而银行行为的被动性与其所处的经济环境是难以分开的，因此，本节将从对商业银行产生信贷需求的整体经济为逻辑出发点，分三个层面（即经济增长、财政政策以及货币政策）来讨论中国商业银行脆弱性的积累。

一　经济增长的失衡与银行脆弱性的被动积累

（一）中国赶超战略与经济增长的失衡

AD 模式下的赶超战略必然导致中国经济发展的不均衡。根本原因在于中国发展的 AD 模式中政府的干预力度更大；在效率和公平的抉择中，我们在相当长时间里偏向狭义的经济效率——经济总量的快速增长。而各国发展的历史说明，经济全面发展有赖于市场机制的多方演进，单纯追求经济发展速度同经济增长质量往往是反相关的，“既快又好”地发展经济事实上是难以做到的。

世界上第一个实现了现代化的国家——英国，经历了从 1649 年到 1832 年共 183 年的时间；美国即便在移植和借鉴了英国及欧洲许多成熟的制度后，也经历了从 1776 年到 1865 年近百年的时间。欧洲其他 13 个从拿破仑时代①进入现代化的国家也经历了 73 年的时间。而在第二次世界大战后进入现代化的国家，与发达国家相比，这些后发展国家经济的发展，利益的冲突，阶层的分化，价值观的转变以及民众参与改革的期望，都发生了急剧的变化，远远超过了这些国家政治体制的承受力，导致社会的混乱。

中国的赶超型发展战略使其现代化进程更快，只有短短 30 年，发展速度与效益的矛盾十分突出。从 20 世纪 70 年代末期以来，随着中国经济持续快速发展，发达国家上百年工业化过程中分阶段出现的环境及社会问题几乎都在中国集中出现，环境与发展的矛盾日益突出。资源相对短缺、生态环境脆弱、收入差距迅速拉大等，逐渐成为中国发展中的重大问题。另一方面，中国经济改革从制度方面来看，总体态势是逐步变迁的。这就导致很多制度与快速发展的经济形势难以匹配，增大了矛盾的复杂性。在这一背景下，产业层面诸多复杂问题通过融资环节传递至银行体系，而银行本身又受到诸多约束，所以最终表现为原因各异的不良借贷关系。

简要地考察这些不良借贷关系的形成原因并将其与东亚金融危机中其

---

① 在这个时代，拿破仑通过战争的极端方式结束欧洲国家的封建统治，强行推进资本主义生产方式。

他国家的情形相对比，就会得出有意思的结论。如所谓的“韩国式危机”，指的是韩国大企业集团与银行之间长期的不良信贷关系导致的金融危机，其情形与我国国有企业与银行之间的巨额债务链关系极为相似。又如所谓的“泰国式危机”的特点是过度依赖外资以及投资导向有误。国际社会早已确认，泰国金融危机的重要原因之一是，在房地产业上积压的资金过多。而中国房地产开发资金60%左右来自银行贷款，房地产市场风险很容易转变为银行的信贷风险，无疑与之类似。而日本金融危机的一个重要因素是国家对银行等金融机构的过度保护。长期以来，日本政府对金融机构实行所谓“护送舰队”式的保护政策。几十年来日本的金融机构数量也基本保持稳定，既没有金融机构倒闭，也没有成立过新的普通银行。由于不允许金融机构倒闭，大小偏弱金融机构都可以维持经营。即使有金融机构发生巨额亏损，政府为了维护信用秩序稳定，往往也帮助隐瞒。对经营不下去的金融机构，一般都由大藏省出面“劝说”其他金融机构进行合并性救助。对一些违法违规经营的问题，大藏省甚至也帮助隐瞒，即使处理，也常常在“幕后”进行。由于长期的过度保护的政策，造成了日本金融机构效率低下，管理混乱，违法交易不断。同样，中国政府对待银行等金融机构的行为与动机在诸多方面与日本是非常类似的。因此，我们的结论是：中国商业银行等金融机构存在诸多引发金融危机的重要隐患，并且只要经济增长过程中那些深层次的问题继续存在，这些隐患所导致的多种不良的借贷关系就会存在并不断侵蚀银行经营效益和抗风险能力，从而产生脆弱性的被动积累问题。

（二）中国产业结构的失衡与银行脆弱性

1. 产能过剩与银行脆弱性

产能过剩是个相对概念，是指一定阶段社会生产能力所能提供的产品总量与总需求量相比出现过剩。产能过剩是中国宏观经济近几年来的一个重要特征，长期低水平固定资产投资增速过快是导致产能过剩的主要原因。始于2003年的贷款高速增长迅速提升了中国相关产业的产能。当产能扩张超出了社会再生产的潜在需求时，部分行业出现产能过剩不可避免。截至2005年年末，我国钢铁产业生产能力已达4.7亿吨，大于需求1.2亿吨；电解铝行业产能高达1030万吨，其中260万吨生产能力闲置。汽车行业产能过剩200万辆；纺织行业的产能比市场容量过剩一倍以上，尤其是棉花加工企业的生产能力过剩高达3倍；电信行业光纤利用率仅约

10%，90%的产能过剩，造成上千亿元的资产被闲置浪费。2003年至2005年，全社会固定资产投资连续3年维持25%以上的高速增长，2006年为24%，大量低水平重复建设的后果很快就表现为相关产业的产能过剩。

在整个社会融资结构严重依赖银行的格局没有明显改变的前提下，宏观经济的大起大落通过固定资产投资将产能过剩与商业银行的资产与负债有机联系起来。

在产能过剩的情况下，一旦相关产业或项目出现赢利局面使其符合商业银行"优质"标准，同质化竞争严重的商业银行就会加大对客户或项目的争夺力度。在市场前景良好和融资便利的情况下，银行客户也愿意加大投资力度。由于缺乏政府指导和控制，固定资产过度投资会很快进一步加剧产能过剩。但是，随后而来的国家宏观调控会强制性压缩过剩领域中商业银行的信贷规模，商业银行为弥补其资金收益损失并降低资金的机会成本，自然就会选择去寻找下一个"热点"行业或项目，一旦出现这样的机会，新一轮的过度投资又将很快出现。因此，在国家产业结构性矛盾和以银行为主渠道的社会融资体系改善之前，投资快速扩张和国家强制性信贷收缩总是会相继出现，不仅使宏观经济波动加大，同时恶化了商业银行的经营环境，呈现出以下几点：

（1）因为供给大于需求，产能过剩导致的企业亏损极有可能诱发企业违约率增大，加大银行信贷风险的发生几率。

（2）产能过剩招致的国家宏观调控措施的实施，如压缩过剩产能与产业结构调整等，有可能将行业风险"转嫁"至商业银行，使商业银行的相关沉淀资金损失风险增大。

（3）产能过剩导致的企业总体赢利下滑及国家宏观调控措施使商业银行将资金集中在少数"优质"企业或项目，造成贷款集中，风险难以分散，从而增大了银行资金的总体风险；同时，由于中国商业银行经营的同质性（即利差是所有商业银行的主要受益来源），因此为了获得相对较少的优质信贷项目资源，过度竞争就难以避免。而过度竞争会导致银行压低利率以及寻租行为，这必然缩小银行的赢利空间，侵蚀其抗风险能力。

（4）在产能过剩状态下，由于利润下降，商业银行出于控制信贷风险的考虑，在发放贷款方面也更为审慎，也会产生"惜贷"行为，而赢利动机又可能驱使银行将资金通过各种渠道投向股票及房地产等高风险市场。

可见，在结构性矛盾引发的产能过剩状态下，商业银行的经营环境的恶化是导致其风险增大的主要因素，商业银行本身为了减小其已有的或可能发生的存量损失，其行为会体现为即时性和被动性，最终体现为商业银行脆弱性的被动积累。

2. 过度增长过程中基础瓶颈问题

我国经济发展过程中的基础部门瓶颈，从改革开放伊始到现在一直存在，并且是我国经济发展的关键性制约因素之一。首先，本书这里的基础部门①主要指的是能源部门（包括电力、煤炭等部门）。其次，基础部门的一个显著特点是，它们都属于生产原材料或生产性服务的“上游”部门，并且，它们所提供的产品和服务是经济中其他一切部门也包括它们自己进行生产和扩大生产时所必需的投入品，因此，它们构成整个经济发展的基础，它们的产出量的增加构成了整个经济增长的先决条件。同时，从价值关系，它们的价格，则构成一切其他产品成本的组成部分。在我国经济的投资扩张过程中，压力最重的就是基础部门。因为基础部门的产品和服务，是任何部门进行生产和扩大生产时所必需的；对任何一种下游产品，无论是消费品还是投资品的需求增加，都意味着对基础部门所生产的原材料和中间产品的需求扩大。要想增加一个百分点的社会总产出，基础部门的产出就必须以更大的百分比增长，并且经济的工业化程度越高，经济增长对基础部门的依赖越重。当基础部门新的生产能力还未形成时，中间加工及制造工业部门中的大小新厂早就建成，甚至已经历了两三个扩建周期。

一个重要事实是我国基础部门产品的价格由于受到严格管制一度十分低，而中间部门产品的价格却能随着需求不断快速上涨。社会对加工产品的需求以及基础部门产品价格基本不变保证了中间加工工业部门及投资于其中的银行的利润，所以银行的信贷有自发扩大的冲动。反之，基础部门的低价格及低利润阻止了对其投资。这样，价格机制的扭曲进一步加剧产能过剩，也加剧了商业银行投资扩张的动力。而国家随后对资源价格的改革，使得能源部门又成为前景看好的优质信贷对象，从而吸引了商业银行

① 樊纲对基础部门的定义：基础部门指的是能源（包括电力）交通、基本原材料（包括建筑、钢材、化工原料等）等部门，以及其他经济基础设施如电话通信、城市供排水系统等。本书这里专指能源资源，突出其基础性。

大量的信贷，很快在短期之内一些能源部门也产生了产能过剩。如 2005 年年末，煤炭行业产能已达 23 亿吨，过剩 5000 万吨；电力行业新增火电装机 7000 万千瓦，违规在建的电站规模超过 8000 万千瓦，无序低效发展情况严重。而从长期来看又会加大成本推动型通货膨胀的压力。总之，其结果便是经济结构趋于更加严重的恶化，经济增长效率低下。对此，2001 年诺贝尔经济学奖获得者迈克尔·斯宾塞认为，美国经济增长 2% 带来的经济效益（企业利润率）已经可以相等于中国经济增长 10% 的经济效益。[①] 由此不难得出，中国商业银行的宏观经营环境从长期来看也更加不利。

3. 出口的粗放式增长

改革开放以来，出口优先是中国经济赶超战略下的必然选择，因而中央和各地围绕这一目标制定和执行一系列优惠政策，如支持出口基地建设，对出口企业提供贴息贷款，实行免税政策、出口退税政策等，积极鼓励企业出口创汇，忽视了产业结构的调整。其实质是以优惠政策和廉价资源环境支持的低成本出口导向模式，重视数量而不重视质量，重视总量而不重视结构。其结果对商业银行的影响有两个：

第一，出口增长过快，导致顺差不断增加，最终使外汇储备大量堆积，外汇占款额直线上升。在金融机构资金运用结构中其比例从 2000 年的 10.5% 迅速增加到 2007 年的 27.1%，[②] 成为国际收支失衡和流动性过剩的重要因素。尽管经济学家们对于造成流动性过剩的原因存在分歧，但没有人否认高额外汇储备及其快速增长的作用，有不少专家视之为形成流动性过剩最直接、最主要的原因。在当前的汇率制度安排下，为了稳定汇率，央行只能对冲保持较快增长的高额外汇储备，这样通过外汇占款被动向市场投放大量基础货币，从而引起货币供应量的大幅增加。国务院发展研究中心巴曙松的研究表明，外汇占款已占到总货币发行量的 70%。国际收支不平衡和流动性过剩对于商业银行的影响主要体现在以下几方面：

（1）会导致利率风险上升。过多的流动性流向货币市场导致货币市场利率走低，流动资产收益率下降，常短期利率倒挂，造成银行经营效益水平下降、银行利润受到侵蚀。

---

① 叶海蓉：《专访诺贝尔奖得主斯宾塞：中国经济密钥在于资源价格》，载《21 世纪经济报道（亚洲市场版）》，2008 年 9 月 9 日。

② 2007 年《中国统计年鉴》中国国民经济和社会发展结构指标部分。

（2）导致信贷扩张和信贷风险上升。过多的流动性使商业银行发放贷款意愿增强，银行的资产收益率受到影响，同时会削弱商业银行相关人员谨慎经营的动机，易使银行资金违规进入股市、楼市、期货市场等，使风险敞口扩大，从而易引发操作风险、市场风险等，最终影响银行信贷资金的安全。

（3）引发过度投资。过多的流动性加剧产能过剩，带来通货紧缩压力，而产能的集中释放会引起部分行业利润下滑，影响银行信贷资金的安全。

（4）导致通货膨胀和资产价格上涨压力，恶化商业银行经营的宏观经济环境。流动性过多将增大潜在通货膨胀压力，推升房地产价格，导致经济过热和投资效率下降，使潜在金融风险增加。

第二，对外需的过度依赖会加大外部冲击对中国经济的影响。以出口占 GDP 的比重来衡量一个经济的外向程度，中国虽不是最高的，但却是大国中最高的之一。世界银行的统计资料显示，2005 年中国美元计价的出口占 GDP 的比重 37.3%，高于全球平均的 27%，在全球十大经济体中仅次于德国（40.7%）和加拿大（37.9%）。另外，从贸易顺差与 GDP 的比值来看，2005 年及以前一直未超过 5%，但 2007 年已攀升至 8.1%。这些都表明一旦国外需求收缩或转型，那么国内相关产业及其上下游就会受到明显收缩的影响，从而沉淀在其中的银行贷款就又可能成为不良贷款，或者银行为了保证已经贷出大额款项的收回，可能会被迫继续冒险给企业提供流动性，不论哪样都可能给银行的经营带来损失。

4. 中国资源环境约束与银行经营的两难境地

近年来，中国经济持续快速增长与资源环境的矛盾越来越突出，成为社会关注的焦点。这主要体现在：一是我国已难以承载 30 年来经济持续快速增长带来代价过大的资源环境困境：对自然资源的浪费引发了自然资源枯竭的威胁。例如中国在初级能源（尤其是煤和石油）、水泥和钢材上的消费量占全世界消费量的比重，就大大超过中国 GDP 总量占全世界的比重；中国单位 GDP 能耗指标是日本的 7 倍，美国的 6 倍，印度的 2.8 倍。二是全面增强的资源环境（能源消耗和环境保护）约束，已成为影响我国实现可持续发展的重要影响因素。《中国环境报告白皮书》估计每年环境问题造成的 GDP 损失为 10%，而世界银行的估计则至少是 13%。资源环境约束不仅会通过经济增长间接影响银行的信贷环境，而且会越来越直接作用于中国商业银行的发展，其重要表现就是所谓的“赤道原则”。考虑到我国的环境资源约束以及和谐发展战略，“赤道原则”必然对中国政府及商业银行的未来发展有重要的影响。

赤道原则（the Equator Principles，简称 EPs）是在 2002 年由世界主要金融机构根据国际金融公司和世界银行的政策和指南建立的，旨在判断、评估和管理项目融资中的环境与社会风险的一个金融行业基准。这项企业贷款准则要求金融机构在向一个项目投资时，要对该项目可能对环境和社会的影响进行综合评估，并且利用金融杠杆促进该项目在环境保护以及周围社会和谐发展方面发挥积极作用。

赤道原则现在或未来对中国商业银行发展的影响如下：

一是，赤道原则是中国商业银行向国际领域进一步拓展的必备条件。

目前赤道原则已经成为国际项目融资的一个新标准，包括花旗、渣打、汇丰在内的 40 余家大型跨国银行已明确实行赤道原则，在贷款和项目资助中强调企业的环境和社会责任。在实践中，赤道原则虽不具备法律条文的效力，但却成为金融机构不得不遵守的行业准则和发展趋势，谁忽视它，就会在国际项目融资市场中步履维艰。如果中国商业银行不能够及时引进并执行，赤道原则会成为国际融资领域拒绝中国商业银行参与的又一新的环保壁垒，其未来的竞争及收益能力与国际银行界同行的差距将会不断加大。

二是，国家的积极推行与商业银行执行的窘境。

鉴于中国本身的生态环境问题的严重性和国家对此的重视，以及国际发展趋势，国家必将会尽快出台与该原则相关的规定、规则。事实上，中国相关部门已经在采取诸多相关行动，其表现就是中国政府正在大力提倡“绿色信贷”：（1）为了便于银行实施绿色信贷，2008 年环保部与世界银行国际金融公司（IFC）联合翻译国际通用的“赤道原则”，日前翻译工作已完成。这项包括 10 项基本原则，8 项环境、社会绩效标准和 63 个行业的环保指南，预计将于 2008 年 11 月正式出版。[①]（2）2008 年 7 月 1 日，兴业银行发布公告称，公司董事会通过了《关于申请加入“赤道原则”的议案》，授权高级管理层推进加入“赤道原则”的各项工作，更好履行对

① 王世玲：《绿色信贷判定标准“中国化”：造纸、化工先行试点》，《21 世纪经济报道》2008 年 9 月 18 日第 8 版。

环境和社会的责任。由此，兴业银行成为首家公开表态将申请加入“赤道原则”的中资银行。[①]（3）2007 年，建设银行组建了专门的“赤道原则”研究团队，先后与国际金融公司、花旗银行、日本瑞穗实业银行等进行深入沟通和讨论，从信贷流程、外部客户和财务效益影响方面对建设银行实施“赤道原则”可能产生的影响进行了实证性研究和分析。[②]

“赤道原则”成为发达国家主流金融机构通用的标准，并且中国政府也积极推动，相关机构也作出了回应，但其要在中国实际应用，却还面临政策与收益之间及社会与经济之间等两难抉择的问题。因为赤道原则所规定的新的环保贷款方式与中国商业银行原有的贷款方式之间的差异会影响当前中国商业银行信贷资金的收益及风险。银行在执行环保要求与控制信贷风险两端，如何平衡利益是个大难题。从实际情况来看，近年来，中国高能耗、高污染（简称“双高”）行业的增长态势强劲。“双高”行业通常成为信贷的主力。截至 2007 年 3 月末，中国工商银行、中国农业银行、中国银行、中国建设银行、交通银行等五大银行对“双高”行业的贷款余额达 13326. 39 亿元，占五家银行全部贷款余额的 11%。2008 年，五大银行的“双高”行业贷款又新增 815. 18 亿元，增长 6. 5%。在“双高”行业贷款中，电力和钢铁行业比重大，其中，电力行业贷款余额为 7903. 16 亿元，钢铁行业为 3561. 15 亿元，分别占“双高”行业贷款总额的 59. 3% 和 26. 7%。这意味着两层含义：

其一，如果商业银行积极响应国家政策对企业竖立绿色屏障时，也就无疑丧失了部分“优质”客源，降低当前收益。而银行间竞争日益激烈，这对落实绿色信贷带来不小的挑战。事实也验证了这一点：[③] 中国工商银行严格执行国家环保和产业政策，自 2001 年起就开始对某钢铁生产大省的投资实施收缩战略，到 2006 年，中国工商银行对该省钢铁行业贷款户由 207 户降到 20 户，贷款余额由 100 亿元降到 68 亿元。而另外一家商业银行则采取了截然相反的措施，迅速占领了中国工商银行退出的市场而在

① 王春霞、郭茹：《兴业银行：“赤道原则”中国探路者》，《北京青年报（网络版）》2008 年 8 月 13 日。

② 戴磊：《建行：遵循“赤道原则”，践行“绿色信贷”》，《金融时报（网络版）》2008 年 6 月 21 日。

③ 王世玲：《绿色信贷判定标准“中国化”：造纸、化工先行试点》，《21 世纪经济报道》2008 年 9 月 18 日第 8 版。

该省同期钢铁贷款从150亿元增至625亿元。

其二，如果中央和地方政府同时加大赤道原则及绿色信贷政策的执行力度，又无疑会导致银行贷款存量资金的大幅度损失，这本身对于商业银行来说就是一种潜在的信贷风险。以厦门海沧PX化工项目为例，因为环保不达标，当地政府不允许投产，从而给多家银行造成坏账，虽然银行暂时冻结了此项贷款的发放，但该项目获得的贷款已经达到项目投资额度40亿元中的大部分，这些贷款可能成为坏账。

可见，当前商业银行的收益结构与银行的未来发展趋势、国家的政策导向及社会总体利益难以相容，而银行行为在政策及收益之间凸显其被动，在这种情况下，就是再先进的风险技术手段也难以奏效。这种矛盾的根源显然在于上文中提到的中国当前失衡的宏观产业大环境。因此，中国商业银行脆弱性的被动性积累是相当明显的。

5. 公众预期的不确定与商业银行的脆弱性

预期就是对未来情况的估计，其本身就含有不确定的意思。研究不确定性之所以重要，是因为它涉及经济主体对未来的预测或预期问题。

（1）不确定预期与银行的经营

凯恩斯没有直接涉及不确定预期与银行之间的关系，但他论述了不确定性预期与货币、投资之间的密切关系。在其理论中不确定性预期概念构成其消费、投资及货币需求三大心理规律的支撑。具体说，他认为投资取决于企业家对未来市场前景的心理预期，而预期又是企业家对于未来的以现有知识缺乏可靠基础而估算出来的。事实上，人们对于未来的认识是模糊的、不确定的，预期并没有合理、科学的基础。既然人们对未来的不确定性缺乏足够的知识，预期就不可靠，据此所做的一切决策，就易于发生突然而剧烈的修改，投资也就易于发生波动。而在非物物交换的货币经济（或信用经济）中，由于不确定性不间断地存在于所有市场中，这就在或大或小的程度上使货币得以成为财富或价值的储藏手段，这就是说，成为旨在抵消不确定性的套头手段。并且，后凯恩斯主义货币理论认为：存在于某一时点上的货币量主要取决于银行贷款的净额。因此，根据凯恩斯的理论，不确定预期是通过直接影响人们的投资及储蓄行为而间接影响银行的资产及负债。

相比之下，戴蒙德和迪布维格（Diamond and Dybvig）则是直接将预期与银行稳定联系起来。他们从公众预期角度构建了银行挤兑模型（即D—

D 模型），认为银行挤兑发生主要是公众的信心问题，而银行经营的好坏是影响存款人信心的最大因素。

意大利经济学家克瑞格（J. A. Kregel，1997）解释银行脆弱性的“安全边界”理论，实际上是对银行对企业流动性预期偏离原因的一个解说。安全边界的设立是为了保证借贷双方各自资产的流动性，银行向公司贷款的基本边界条件是总收入（gross earnings）和用现金支付的成本之间的差距，即毛利润。这依赖于银行对公司未来收入状态的预期估计，那么是否贷款就取决于预期状态的好坏。而安全边界的降低在于银行评估贷款风险的方法是根据经验规则，即用过去记录评价未来情况，这就造成了其估计与企业实际情况的偏差，即银行安全边界的缓慢且不可见的被侵蚀就产生了脆弱性。

可见，预期对于银行经营的影响可以简单地分为三类：一是公众及企业对货币需求的预期变化会影响银行的资产及负债，最重要的是影响银行赢利状况；二是公众对银行经营好坏的预期在非常时期会引起银行流动性不足而使其倒闭；三是银行对借款者（主要是企业）流动性预期的偏离会使银行资产业务风险增大。在中国，主要是第一类，即公众对未来预期的不稳定使得影响货币需求的预防性动机大大增强，导致银行储蓄率居高不下，在其他多种因素的共同作用下，使银行的脆弱性不断增强。

（2）公众的不确定预期及其对商业银行的影响

多方面的数据直接或间接表明了在经济增长失衡下中国公众预期的不确定。

一是，中国公众不确定预期产生的原因及表现。

自 20 世纪 50 年代国有化改造开始，直到 20 世纪 80 年代的经济体制改革以前，在这一长达 30 年的时间跨度内，政府始终在国民经济生活中处于绝对主导的地位，垄断了大部分的资源。几乎所有研究表明，建立在政府垄断大部分资源上的经济必然是低效率的，也是无法持久的。从而必须进行经济体制改革，但是在经济体制改革过程中，由于不确定因素的繁杂，改革当局自己只能“摸着石头过河”，“以经济建设为中心”，这样的结果是过多地关注总量，无法顾及社会公正等因素，造成多种隐患：医疗保障、住房等制度的剧烈变化使得消费者对未来预期支出陡然增加。机构产权结构、劳动用工制度等的变化使得大多数城市居民的收入预期变得不确定。尽管影响中国公众的经济预期的因素非常多，但本书认为就当前来讲，产业结构的失衡是影响中国公众预期不确定性更深层次的一个重要原因，它与其他因素共同作用使预期问题变得复杂。从GDP三次产业的产出构成来看，在全部GDP中，低收入国家的三次产业比例是23:32:45，中等收入国家是10:38:52，世界平均水平是5:31:64。中国2006年是11.7:48.9:39.4，约为1:4.1:3.5，实际上从2000年起，中国GDP中三次产业的比值基本维持这个值，没有大的变化。如表3—1所示。

表3—1 中国GDP构成（2000—2006） 单位:%

年份	百分比		
	第一产业	第二产业	第三产业
2000	15.1	45.9	39.0
2001	14.4	45.1	40.5
2002	13.7	44.8	41.5
2003	12.8	46.0	41.2
2004	13.4	46.2	40.4
2005	12.5	42.6	40.0
2006	11.7	48.9	39.4

资料来源：中国国家统计局网站：《中国统计年鉴2007》，国民经济核算部分：表3—2，http：//www. stats. gov. cn/tisj/ndsj/2007/indexch. htm。

相比之下，除了第一产业比重不断缩小是所有工业化国家的共同趋势外，显然中国的第二产业比重过高，第三产业过低，都远远低于世界平均水平，而且第三产业还呈现下降趋势。这种产业结构对于中国公民的预期不稳定有极大的不利影响。这是因为第三产业往往能够吸收大量的人力投入，而第二产业比较容易出现机器替代人力投入，并且随着经济的发展，这种替代趋势会越来越强。因此，第三产业发展的落后程度与对劳动力的吸纳程度成反比。可是，就业空间的不足自然又会影响收入的增加。中国经济增长过程中的高增长，低就业的格局也在一定程度上说明了这点。总之，中国当前的产业结构对公众的就业及收入预期是极为不利的。如果再考虑到前面所说的社会保障制度的不足、房产价格及资源匮乏等其他因素，就不难理解公众预期的不确定了。

不确定预期对中国公众的直接影响就是改变了其消费和储蓄行为。具体来讲就是增强了经济主体未来的支出预期，加大了当前的储蓄动机。这样即使货币当局调低利率，居民也仍旧会保持浓厚的储蓄动机，另一方面是即使宏观经济当前状况较好，居民仍旧紧缩消费，为以后的开支进行储蓄。并且这种预期具有自我加强效应，如果不是经济的基本层面有重大改善，人们都会这样想：更加不利的结果可能就在后面。所以任何相关价格政策的刺激效果都会大打折扣，且难以持久。实证结果也说明了这一点。表3—2显示了从1996年起中国一年期存款利率的调整变化情况。尽管中间因为经济形势需要，央行曾多次升息，如从2004年的2.25%升到2007年8月的3.6%，并且随后下降的速度快于上升速度。但不难看出，总的利率趋势可以说是逐渐降低的。

表3—2 一年期存款利率（1996—2008）

时　期	利　率	时　期	利　率
1996.5.1	9.19	2007.3.18	2.79
1996.8.23	7.47	2007.5.19	3.06
1997.10.23	5.67	2007.7.21	3.33
1998.3.25	5.22	2007.8.22	3.60
1998.7.1	4.77	2007.9.15	3.87
1998.12.7	3.78	2007.12.21	4.14
1999.6.10	2.25	2008.10.9	3.87
2002.2.21	1.98	2008.10.30	3.60
2004.10.29	2.25	2008.11.27	2.52
2006.8.19	2.52	2008.12.23	2.25

但是人民币储蓄率的变化并没有与利率调整保持同步变化。通过对比表3—3可以知道这个情况。储蓄率基本变化是稳中有升，消费率却是明显下降，这些都与利率下降的趋势恰好相反。

表3—3 人民币储蓄增长率与消费率 单位:%

	2000	2001	2002	2003	2004	2005	2006
储蓄增长率	13.8	16.0	19.0	21.7	15.6	19.4	16.8
消费率	62.3	61.4	59.6	56.8	54.3	51.9	50.0

二是，不确定预期对中国商业银行脆弱性的影响。

其一，通过对整体宏观经济的影响而间接作用于商业银行。通过上述分析，我们知道公众的不确定预期的后果之一就是使居民的消费行为受到极大的抑制，是影响国内消费需求不足的重要原因之一。资本形成及净出口从表3—4中可以看出，中国最终消费支出的贡献率近几年来不断降低，已经远低于60%的一般水平。而资本形成总额与净出口对GDP贡献率增长显著。从对GDP的拉动百分点来看，最终消费支出下降趋势明显，而后两者则相反，升高趋势明显。

表3—4　三大需求对国内生产总值增长的贡献率和拉动（1996—2006）

年　份	最终消费支出		资本形成总额		货物和服务净出口	
	贡献率（%）	拉动（百分点）	贡献率（%）	拉动（百分点）	贡献率（%）	拉动（百分点）
1996	60.1	6	34.3	3.4	5.6	0.6
1997	37	3.4	18.6	1.7	44.4	4.2
1998	57.1	4.4	26.4	2.1	16.5	1.3
1999	74.7	5.7	23.7	1.8	1.6	0.1
2000	65.1	5.5	22.4	1.9	12.5	1
2001	50	4.1	50.1	4.2	-0.1	0
2002	43.6	4	48.8	4.4	7.6	0.7
2003	35.3	3.5	63.7	6.4	1	0.1
2004	38.7	3.9	55.3	5.6	6	0.6
2005	38.2	4	37.7	3.9	24.1	2.5
2006	39.2	4.3	41.3	4.6	19.5	2.2

资料来源：中国国家统计局网站：《中国统计年鉴2007》，国民经济核算部分：表3—10和表3—11。

因此，由于公众消费减少对经济增长造成的损失，必须通过国家和地方大力推动投资和出口来弥补。而消费的不足，使得投资形成的生产能力很容易过剩，所以对出口的依赖必然会增强。实际情况也是如此，在现行财税体制支配下，各级政府为追求地方利益的最大化，特别是地方财政收入最大化，倾向于采取各种手段和措施，大办各种产业园区，大上各种工业项目，大力生产各种工业产品。可是，当大量工业品生产出来后，由于消费不足，城乡居民的消费增长又跟不上工业品供给的增长速度，于是造成了国内工业品大量过剩，一方面会产生克鲁格曼所说的“增长型衰退”，即指一个经济体虽然成长，但不能够充分利用其生产能力，所以越来越多的工人和机器设备被闲置。① 另一方面，也会加剧所谓的“被迫出口”，由此进一步加剧了出口的增长和贸易顺差的增加。如果外部需求减弱，经济增长就可能陷入停滞。总之，公众预期的不确定主要是通过总需求结构失衡来影响银行的经营环境从而对其资产业务产生影响，具体影响基本与产能过剩对银行的影响相同，体现了银行脆弱性被动积累的特性。

其二，通过储蓄行为直接作用于商业银行。居民预期的不确定导致强烈的储蓄动机，从而使银行储蓄率居高不下，形成新形势下的“被迫储蓄”。一般说来，银行占有资金过多，银行会尽量放贷或投资。但是如果资本过少，银行又会有道德风险的发生，即银行会冒险放贷。这是银行制度本身的弱点。而中国的情况是，占有资金的多少显然比资本多少更重要，这一点对于国有银行来说尤其明显。张杰曾专门论述过国有银行储蓄的特殊性，即国有银行在国家信用的担保下其实是将居民存于国有银行中的储蓄作为自有资本金在使用，因此，国有银行的稳定与其资本金的多少无关。② 因而银行储蓄增加必然只能导致银行贷款冲动，加大信贷风险产生的几率。

二 财政政策的扭曲效应对银行脆弱性积累的影响

财政政策与银行风险及危机的关系并不是一个新鲜话题，政府财政失衡乃至预算赤字过大通常是新兴市场国家银行危机甚至金融危机产生的根源之一。比如2001—2002年的阿根廷金融危机就是这种类型。但我国财政政策的失衡却不一样。从国际通行标准来看，中国财政赤字并无不安全问题，甚至比绝大多数国家都要稳固。其问题的根源在于中国的财政政策带来的失衡效果直接或间接导致商业银行体系的脆弱性问题。这种失衡效果包括诸多方面：如，加剧个人收入差距和地区之间的差距

① ［美］克鲁格曼：《萧条经济学的回归》，朱文晖、王玉清译，中国人民大学出版社1999年版，第97页。

② 张杰：《中国国有银行的资本金谜团》，《经济研究》2003年第1期，第30—37页。

拉大，加强了地方政府预算外筹资的动机，扭曲了银行的信贷行为等。

（一）国家财政对银行体系的重要性

一般来说，财政对银行体系的影响是通过其对宏观经济及金融体系的作用而改变银行的外部环境，当然税收政策的变动会直接影响所有企业。麦金农教授1991年出版的《经济市场化的次序——向市场经济过渡时期的金融控制》一书，对此从宏观经济角度进行过独到的描述，强调了财政对于转型国家的金融及银行体系稳定的重要性。书中提出，对于实行经济市场化的国家而言，存在着各种政策的先后排序问题。他认为，首要任务是平衡中央政府的财政，只有在紧缩的财政控制到位，物价稳定，财政赤字得到消除之后，政府才可以考虑进行国内资本市场的开放。对于金融业的开放顺序，为了避免银行挤兑和金融风险，政府必须在稳定宏观经济方面取得成就之后，才能放松对银行和其他金融机构的管制。

从东亚国家来看，财政对于银行体系的重要影响在一系列关于金融约束的研究中表露无遗。金融约束的目标是通过政府干预为民间部门创造租金机会，尤其是为银行部门创造租金机会，尽管政府干预的形式主要是通过限制性金融政策如控制存款利率、限制银行业的竞争、限制资产替代等，但在这个过程中政府对特定产业的税收优惠、信贷补贴等财政政策也是非常重要的。如韩国对国家鼓励的出口行业进行税收优惠及贴息贷款；又如日本金融制度最重要的一个特点是行政金融，即是指管理一国金融的最高机构以及由此派生的金融方针、政策和法规等。战后，日本金融方针的目标是要建立一个能够供应低成本资金的金融体系，为经济重建和发展提供必要的资金。为此，日本在采取"低利率政策"为经济发展提供低成本资金的同时，还把维持金融体系的秩序和稳定作为金融业运作的原则，政府对金融业实行严格管制，无论是机构设立、业务范围、利率决定、费率水平，还是金融商品开发、业务操作方式都必须得到大藏省或日本银行的批准。

那么，财政对于中国商业银行脆弱性的影响是什么呢？中国以政府为主导的以增长速度为最优先目标的AD发展模式中，财政的作用更明显，甚至中国商业银行体系的主体部分就是从原财政体系脱胎而来，仅凭此一点，我们就能猜到财政政策的变动必然会对中国商业银行的脆弱性有影响。实际上，大部分已有文献和调查都已经反映了这样的事实。2001—2002年，央行的调查表明，对于不良贷款形成的原因为：由于计划与行政干预而造成的约占30%，政策上要求国有银行支持国有企业而国有企业违约的约占30%，国家安排的关、停、并、转等结构性调整约占10%，地方干预，包括司法、执法方面对债权人保护不力的约占10%，而由于国有商业银行内部管理原因形成的不良贷款占全部不良贷款的20%。[①] 可见，实际上由于政府干预造成的不良贷款占了70%以上。马丁·费尔德斯坦(2003)认为，中国的大银行同美国和其他许多发展中国家不一样，不是私人的商业银行。直到现在，中国的银行实际上仍是政府体系的一部分，为经常无力偿还贷款的国有企业提供投资、工资和养老等方面的资金，由此引起的坏账是国家银行体系的技术问题，更是一个财政难题。银行不能对存款违约，而避免违约行为的唯一方式是政府注资，金额等于存款负债与贷款人实际应偿还的金额之差。

对于这个问题的理解，本书的注意力没有放在中央政府财政政策的一般手段对于商业银行的影响，而是重点关注中央与地方财权与事权的变更对地方政府行为的影响，而后者会对当地的商业银行的行为有着极大的影响。事实上，中国地方政府的行为在当前的经济增长方式以及工业化、城市化和市场化进程中产生的经济结构性矛盾中扮演着重要的角色。而目前利率水平和资金成本较低，而地方政府的投资热情一直都较高，其对投资资金的需求会导致地方政府自然产生积极干预商业银行信贷行为的动机，从而将银行拖入坏账积累的又一循环。这里为了便于读者理解，我们不妨先给出其逻辑关系，然后再详细解说。其逻辑关系可以大致表示为：

财政政策变动→中央、地方财权、事权变更→地方财政收支失衡→地方预算外收入动机加强→影响当地企业及商业银行行为→国家调控，商业银行坏账积累

（二）地方政府增加预算外收入的强烈动机

1. 中央和地方财权、事权的不对等导致地方政府预算外收入动机增强

在计划经济下，所有的财政收入都属于中央政府，由地方政府征收，向上汇集。收入的分配要根据过去的经济发展情况来确定，每年进行谈判，并且要满足当地政府的职能需要。由于改革以来中央预算收入占GDP

① 周小川：《完善法律制度，改进金融生态》，载吴敬琏主编《比较》第16辑，中信出版社2005年版，第1—14页。

比重迅速下降，1994 年国家实行分税制（TSS），从而中央财政收入大幅度提高。

表 3—5　　改革期间财政收入和支出　　单位：%

年份	财政收入/GDP	财政支出/GDP	赤字/GDP
1978	31. 2	30. 9	0. 3
1979	28. 4	31. 8	-3. 4
1980	25. 7	27. 2	-1. 5
1981	24. 2	23. 4	0. 8
1982	22. 9	23. 2	-0. 3
1983	23	23. 7	-0. 7
1984	22. 9	23. 7	-0. 8
1985	22. 4	22. 4	0
1986	20. 8	21. 6	-0. 8
1987	18. 4	18. 9	-0. 5
1988	15. 8	16. 7	-0. 9
1989	15. 8	16. 7	-0. 9
1990	15. 8	16. 6	-0. 8
1991	14. 6	15. 7	-1. 1
1992	13. 1	14. 1	-1
1993	12. 6	13. 4	-0. 8
1994	11. 2	12. 4	-1. 2
1995	10. 7	11. 7	-1
1996	10. 9	11. 7	-0. 8
1997	11. 6	12. 4	-0. 8
1998	12. 6	13. 8	-1. 2
1999	13. 9	16	-2. 1
2000	15	17. 8	-2. 8
2001	16. 8	19. 4	-2. 6
2002	18	21	-3
2003	18. 5	21	-2. 5
2004	19. 3	20. 8	-1. 5

资料来源：中国国家统计局网站，各年度统计数据。

自1978年开始各项改革以来，国民收入与财政收入之间的关系发生了戏剧性的变化：财政收入先是大幅下降，随后又戏剧性地恢复上来。如表3—5所示，前17年财政收入占GDP的比重从1978年的31.2%下降到1995年的10.7%，降幅达到21个百分点。随后九年又提高了近9个百分点。从国际标准看，升、降幅度都很大，这表明财政政策的重大变动。自1995年以来，财政收入比重明显反弹。这源于1994年进行的财政与税制改革和2001年开始的“税费”改革，后一项改革是大范围地用税替代各种费用。1994年的改革目标是提高“两个比重”——即提高财政收入占GDP的比重和提高中央财政收入占总收入的比重。

再来看赤字项目。尽管赤字率是适中的，政府仍面临严峻的财政压力。其表现是各级政府都越来越依赖于两个“预算外”支出和收入渠道：第一，通过国有商业银行系统向特定机构或为特定目标进行的指令性贷款；第二，预算外收入。从国有商业银行获得的指令性贷款使政府可以缩短用自有账户为亏损企业提供资金的过程。我们可以把这看做是用于弥补隐性赤字而发生的伪装式公共借款。对国有商业银行几轮的资本注入凸显了这一过程。

在改革期间，一方面中央财政收入比重迅速增加，另一方面其支出却呈相反趋势，其比重迅速下降，这表明中央政府在财权上收的过程中其担负的各地公共支出减少。实际情况也是如此，中央在向各地政府转交社会保障、基础教育、卫生医疗和公共安全等方面的支出责任时，仅为这些服务提供相当有限的转移支付资金，剩下绝大部分资金空缺只能由地方政府自筹解决。并且，在新的转移支付制度下，税收返还也有利于富裕地区。反过来说，地方财政收入占GDP比重下降和支出需求增加造成了财政压力的增大，预算外财力因此成倍增长。此外，分税制体系对于富裕地区更加有利。增值税的分享比例固定不变，这使得分税制本质上是一个导致差距扩大的体制。而财政分权给予地方政府收费和引入新的收费项目的自主权，这无疑会推动地方政府预算外收入的增长。近年来，来自土地租赁权和土地使用权出售的收益迅速增长，并成为许多地方政府最大的预算外收入来源。1997年以来，预算外资金的显著特征是：

（1）相对于预算内收支，中央政府的预算外收支规模较小，但地方政府的预算外收支规模非常大（见表3—6）。

表 3—6　　中央和地方预算外资金收支及比重　　单位:%

年份＼收支分项	收入比重		支出比重	
	中央	地方	中央	地方
1986	41.2	58.8	40.6	59.4
1987	40.8	59.2	40.3	59.7
1988	38.4	61.6	39.3	60.7
1989	40.3	59.7	39	61
1990	39.6	60.4	38.3	61.7
1991	42.6	57.4	40.9	59.1
1992	44.3	55.7	43.6	56.4
1993	17.2	82.8	15.1	84.9
1994	15.2	84.8	13.2	86.8
1995	13.2	86.8	15.1	84.9
1996	24.3	75.7	27	73
1997	5.1	94.9	5.4	94.6
1998	5.3	94.7	4.8	95.2
1999	6.8	93.2	5.3	94.7
2000	6.5	93.5	6	94
2001	8.1	91.9	6.7	93.3
2002	9.8	90.2	6.8	93.2
2003	8.3	91.7	7.9	92.1
2004	7.5	92.5	9	91
2005	7.3	92.7	8.7	91.3

资料来源：中国国家统计局网站，各年度统计数据。

注：1993—1995 年和 1996 年的预算外资金收支范围分别有所调整，与以前各年不可比。从 1997 年起，预算外资金收支不包括纳入预算内管理的政府性基金（收费），与以前各年也不可比。从 2004 年起，预算外资金收支为财政预算外专户收支。

（2）就地方政府而言，自 1997 年以来，预算外收支规模相对于预算内部分一直在稳步下降，这在很大程度上归因于用预算内税收取代预算外收费的改革政策。

（3）对地方政府来说，预算外与预算内收入的比率比预算外与预算内支出的比率高得多，几乎是其两倍（42.5∶22.2）。[①] 对这一现象的解释是，预算外收入并不完全用于预算外支出；相当比例的预算外收入为预算内项目提供了资金，在许多情况下是为基本公共服务提供资金。这意味着，对预算外收入的任何重大消减，都不得不伴随以预算内收入的相应增加，以维持这些服务的提供。

所以，财政制度的变动造成中央和地方财政的失衡，推动了地方政府利用预算外收入筹资的动机。

（三）以 GDP 增长率为地方政府主要绩效考核指标的激励机制增强了这种动机

在中国目前的政府体制下，中央政府和地方政府之间是一种委托—代理关系。在此关系中，地方政府实际上面对的是一个来自中央政府的多目的（或多任务）委托合同，包括经济增长、环境保护、社会稳定等多项内容。这里有两点隐含内容需要注意：一是，根据不完备合同理论，由于不确定性和不可预见性，中央和地方之间的合同显然是不完备合同，其结果是地方真实全面的情况对于中央来说，由于信息的全面及可获得性、实地调查成本等条件的约束在许多方面实际上是不可验证的，因而只有退而求其次盯住可验证的数字指标；二是，自改革开放以来，中国政府一直是以促进经济增长为根本。

所以，毋庸置疑在众多数据指标中经济增长指标 GDP 是中央关注的重中之重，自然也成为地方政府的主要激励指标。那么，地方政府偏爱投资扩张，搞各种项目就是极其合理的结果了。中国经济增长过程中屡见不鲜的“投资饥渴症”就是对此最好的注脚。并且，每到换届就会愈加突出，即所谓的“换届效应”。如夏斌、高善文和陈道富（2003）的研究表明，各地方政府在完成换届以后，为追求政绩而扩大投资规模是 20 世纪 90 年代后半期以来信贷波动的基本原因之一。[②]

（四）地方政府预算外收入动机转化为现实的两个条件

然而，这种动机能够转变为现实主要是因为两个重要原因：

---

① ［英］阿瑟·侯赛因、尼古拉斯·斯特恩：《中国的公共财政、政府职能与经济转型》，载吴敬琏主编《比较》第 26 辑，中信出版社 2006 年版，第 25—56 页。

② 夏斌、高善文、陈道富：《当前信贷局势突变后的政策选择——兼论 1990 年代后半期以来信贷波动的原因及影响》，载吴敬琏主编《比较》第 8 辑，中信出版社 2003 年版，第 163—195 页。

其一，分权改革使地方政府实际获得了对一些稀缺资源的垄断权，对银行的收益结构产生了重大的影响。具体地讲，近年来无论中央还是地方，政府对于经济的主导作用明显上升，资本要素、土地和自然资源要素市场化程度很低，大量的资源要素配置权集中在中央各职能部门和各级地方政府。如“十五”计划时期，各级政府掌握了一项新的重要资源——土地的批租权力，就是一个例子。此外，税收、市场准入等各种花样翻新的优惠政策也制造了行政垄断，导致整个资源要素价格被人为扭曲。总之，事实上是地方政府能够凭借其对稀缺经济资源的垄断和其拥有的制度优势主导相当多的投资项目。

其二，改革过程中，官僚机制对中国经济发展的重要性使得地方政府对中央的谈判能力增强。当代经济学在比较研究国家的经济发展过程中有一个共识，即影响经济发展的一个根本因素，是这个国家官僚体制（bureaucratic institutions）的效率与质量。对转轨国家来说，官僚阶层（各级政府）的行为是影响制度变迁成本大小甚至成功与否的一个重要方面，表现为在制度变迁的过程中，官僚的合作非常重要，因此要想办法给官僚提供激励。之所以会这样，除了信息不对称造成的非正式权威这一根本性原因以外，还有两个很重要的原因：[①] 首先，在制度变迁的过程中，官僚的技术性支持是不可或缺的，许多改革措施都必须由官僚来实施；其次，任何政治家包括从事改革的政治家只有有限的政治资本，他必须为改革寻求充分的政治支持，而在位官僚有娴熟的政治手段，一旦引起他们的不满，就有可能给改革制造难以克服的障碍。

（五）进一步说明：对三个典型案例的分析

为了形象地论证在地方政府追求本地经济发展和财政收入最大化过程中的商业银行行为的被动性，下面我们用三个代表性的案例进行实证分析。第一个案例是从宏观角度进行说明，后两个案例则是从微观角度予以分析。

1. 案例一：2003—2005 年的全国房地产调控波动[②]

（1）案例描述

为了便于案例描述，也便于清楚其过程，本书将 2003—2005 年的全

① 李稻葵：《官僚体制的改革理论》，载吴敬琏主编《比较》第 7 辑，中信出版社 2003 年版，第 1—18 页。

② 根据网上相关新闻整理。

国房地产调控波动过程分为 A、B 两个阶段，描述如下：

A. 2003—2005 年年初，房地产过热，国家第一次调控无效。

2003 年下半年开始，中国的房地产市场，尤其是某些地区的房地产市场出现了过热的情况，房地产价格中泡沫的成分日益增大。2004 年，国务院及各级地方政府又陆续出台了调控房地产市场的若干措施。但是，调控效果非但不明显，房地产市场反而愈来愈趋于非理性。2004 年至 2005 年年年初，全国大多数城市房地产价格连续两轮大幅上升：

2004 年全国商品房平均价格同比增长 14.4%，其中商品住宅价格同比增长 15.2%，首次出现两位数增长，首次超过居民收入增长，少数城市房价涨幅超过 20%。

2005 年第一季度商品房、商品住房平均价格同比又增长 11.9% 和 12.9%。

其结果是房地产过热刺激了钢材、水泥等建材价格坚挺，成本推动型通货膨胀的压力不断加大。

B. 从 2005 年年初起，国家被迫出台一系列以行政管制措施为主的重手段，强行“刹车”。

面对有可能愈演愈烈的形势，2005 年年初的全国“两会”的政府工作报告中提出，将控制房地产价格过快上涨问题列为政府价格工作的两个重点之一。此后中央政府出台了一系列新的强势调控政策。主要规定如下：

第一，在土地政策方面，通过严格制定土地利用总体规划和年度计划，直接规定各类房地产用地的布局和比例，调节土地供应总量与供应结构。

第二，在税收政策方面，通过下发《关于加强房地产税收管理的通知》增强对房地产业营业税的征收力度。

第三，在信贷政策方面，人民银行调整了个人住房贷款利率和最低首付款比例；同时银监会要求各国有商业银行和股份制银行对房地产贷款业务开展自查，并组织银监局进行现场检查。

从 2005 年 5 月开始，房产新政的政策效果开始显现，房地产市场过热的情况开始逐渐“降温”。

（2）案例分析

与调控过程的发展的两个阶段相对应，本书对此案例的分析也按照 A、

B 两个层次进行。

A. 国家第一次调控为什么无效：地方政府动机凸显。

从表面上看，原因在于地方政府积极调控的意愿不足。很多地方政府在制定本地房地产政策时，往往倾向于最大限度地利用中央政府的鼓励性政策，而最低限度地遵守中央政府的限制性政策，政策出台往往回避实质性矛盾。进一步考虑，是因为不少地方的政府比较深地介入了房地产市场，并由此成为这个市场中的重要的利益相关者。其次，房地产市场不断升温、房地产价格高涨首先会给地方政府带来 GDP 增长的“政绩”。在 GDP 增长率成为政绩最主要指标的情况下，容忍甚至鼓励房地产市场在自己的任期内迅速发展，从而实现地方 GDP 的高速增长成为不少地方政府追求政绩的最佳方式。以长三角地区为例，2004 年浙江地税每 2.9 元中就有 1 元来自房地产和建筑业，2004 年上海来自房地产的税收直接贡献约为 400 亿元，占当年地方财政收入的 35.7%。[①]

可见，地方政府没有积极调控房地产市场的意愿正是在于地方政府增加收入的强烈动机和政绩显示的 GDP 增长激励。这个事实同本书前面的理论分析是完全一致的。

B. 国家强行收缩经济政策，银行信贷资金被迫沉淀。

对于中国房地产行业，个人按揭贷款和房地产开发贷款中来自银行的贷款所占份额约为 60% 以上。因此，在国家用强势政策使房地产行业剧烈收缩时，银行巨额贷款根本无法抽离房地产市场，只能等待房地产市场下一次的复苏。这无疑大大增加了银行的坏账或呆账，削弱了银行的流动性，侵蚀了银行赢利，从而使其防范风险能力下降，加剧了银行的脆弱性。

2. 案例 2：江苏铁本违规项目[②]

江苏铁本钢铁有限公司违规项目建设中暴露出许多引人深思的问题，其中政府及有关职能部门的失职违规、越权审批是最突出的方面。钢铁项目属于国家宏观政策重点控制的投资领域，江苏铁本钢铁有限公司在

---

① 引自新华社记者徐寿松《地方政府如何走下房地产“飞车”？——关于地方政府调控楼市的 5 种重手》2005 年 4 月 7 日。

② 该案例主要资料来自新华网北京 4 月 28 日电《江苏铁本项目违规反思：政府渎职助长企业违规》，记者：陈芳、牛纪伟、姜涛。其中银行数据资料引自 2004 年 6 月 26 日《21 世纪经济报道》中的文章《六家银行集体沦陷铁本案，银监会急发授信免责令》。

2002年年初筹建这一大型钢铁项目，当地政府及有关部门严重违反国家有关法律法规，越权分22次将这一项目分拆审批（相关部门拆分项目是为了回避审核，使项目大干快上），违规审批征用土地6541亩，违规组织实施征地拆迁。在此过程中，铁本公司的10家关联企业违反规定相互担保。

其实商业银行只要按照一般的贷款审查就能够觉察这些问题，因为，国家早就三令五申限制钢铁、水泥等行业过度投资、避免低水平重复建设。然而，6家提供贷款的商业银行据说对这些问题都没有发现的原因是"银行在执行内控制度上存在严重问题"。结果是多家银行大量资金沉淀其中。其中，中国银行贷款最多，总额为25.7208亿元；另外四家商业银行的贷款额分别是：中国农业银行10.3106亿元，中国建设银行6.5608亿元，广东发展银行3000万元，上海浦发银行5000万元。

在"铁本"事件中，为什么明显违规的项目在未获得合法审批的情况下能够连闯"红灯"，大胆违规上马？为何地方政府和相关部门有令不行、有禁不止，直到酿成严重的后果？为何银行不按照贷款审查程序进行审查？肯定不是"一些干部及部门"① 的问题，也不是银行的技术落后问题，根本原因在于本书上面已经提到的地方政府投资冲动及其经济和制度上的强势地位。即，现行体制中自上而下的GDP考核以及地方政府对稀缺资源的支配权，使得政府及相关官员可以根据自己"政治晋升"的各种政治和经济的目的，对不同企业给予不同的安排，并竭力帮助那些政府扶持的企业取得银行贷款。结果，往往是资本密集型、高能耗、高产值的大型企业很容易用较低的价格取得土地。我们结合"铁本"事件和案例一就可以看到这样一条银行资金损失的清晰的逻辑：

土地控制（政府资源配置权）→吸引金融资源→资金投向资本密集型产业→区域重复建设、产业同构、投资过热→宏观调控→产能过剩→银行资金损失或坏账累积。

3. 内蒙古新丰电厂违规项目②

同江苏"铁本"项目一样，内蒙古新丰电厂这个总投资庞大项目也是

① "铁本"案发后，地方政府领导反省："一些干部及部门不按政策、原则办事。"

② 该案例引自2006年8月28日《中国产经新闻》，朱冰尧：《银行缘何敢为内蒙古百亿违规项目贷款》。

一个违规项目，一直没有获得国家发改委的核准。而且根据调查组的调查结果，内蒙古全区违规建设电站规模高达860万千瓦，相当于14个新丰电厂的规模，共有9家银行和2家财务公司对这家集团进行了贷款，贷款余额超过200亿元。据预测，这次叫停内蒙古800万千瓦的电力新建项目，大约涉及800多亿元的投资。如果将这些项目全部下马，至少要造成400亿元的损失。这些巨额损失只有相关单位自己承受。

同样，这样的项目审核对于银行是一件容易事情，不存在技术性难题。只要让其拿出国家有关部门的审批文件，就可以获知了。但实际情况仍然是贷款银行“明知故犯”。因为他们清楚，这是政府项目，政府都敢违规上马，银行有什么不敢贷款的呢？这些“机敏”的银行家们嗅到了这样的味道：这些违规项目多数最终都补办了手续，套上了合法的外衣。如果自己等到项目手续合法了再去贷款，就会走在别的银行后头，错失了获得大项目的机会。同时，这些银行家们也分析出，借着“如果下马就会有巨大损失”的理由，造成“既定事实”的地方政府项目“逼迫”上级审批部门，最终多数都能够补办到手续。

4. 对三个案例的总结

事实上这样的案例在全国各地都非常普遍。这些都一次次地表明中国系统性银行风险本质上是体制性和制度性风险，其核心表现是：政府干预经济的介入面和程度没有随着经济发展阶段的提升而相应缩小和弱化，长期实行的政府主导的集中型金融制度以及政府在转轨中的主导地位决定了金融资源的配置缺乏市场定价和风险分散机制，从而导致金融系统运行的低效率，使得系统性金融风险日益积聚。

（六）地方政府行为对银行脆弱性的影响

由于中央财政政策的失衡，造成地方政府具有增加预算外收入的强烈动机，再加上“GDP绩效考核”效应的激励，地方政府通过权力和资本介入商业银行的经营，扭曲了银行的行为，从而导致商业银行脆弱性的被动积累。上面几个例子已经生动形象地说明了这一机制。下面再做一些补充性论述，进一步论证地方政府对银行脆弱性的影响。

1. 中央或地方的指令性贷款，阻碍了银行系统的发展

如同预算外收入一样，指令性贷款表现为随意性和缺乏透明度，它破坏了市场经济良好运作所必需的重要的信息基础。指令性贷款免除了银行评定贷款风险和提供坏账风险准备的义务，因为通过指令性贷款和

对银行提供紧急援助，政府有效地承担了决策的风险和责任。从历史上看，国有商业银行的经营、程序和组织结构都适应了指令性贷款的支付。

2. 政府过度干预、政企不分和银行系统的金融腐败

这些问题是互相连带并且是互相推动的。东亚国家的情形清楚地表明了这一点：

政府、银行和企业的关系主要不是以市场为媒介建立起来的，而主要是由政府的权力联结起来的。在政府的或政府中某些人的支持下，银行对外融资和向企业贷款，企业向银行和其他金融机构借款，包括使用外国的短期贷款，好像都无所顾忌。另一方面，企业的发展常常不是立足于市场供求状况，而是立足于争取政府的支持。这样，企业和政府之间，包括和银行之间，就形成了一种人际关系网。许多银行贷款以及政府信贷、税收补贴等优惠都不是通过市场而是通过这个关系网来运作的。这种运作机制的一个结果是，银行逐渐形成了巨额不良贷款，企业形成了巨额债务。同时，企业在政府的支持下所形成的“竞争力”掩盖了企业的真实情况和所面临的市场风险。

政企不分不仅带来了严重的经济问题，也带来了严重的社会腐败问题。而腐败问题往往又会使经济问题加剧。泰国一些人士分析认为，泰国金融动荡何以产生，何以迅速蔓延，在诸多的因素中，金融界贪污腐败是一个重要原因。以泰国的200多亿美元的银行呆账来说，这笔呆账之所以产生，并对金融动荡起到了推波助澜的作用，其原因就与金融界内部贪污腐败有关。在泰国，银行和金融机构人士向企业放贷可以从中收取“佣金”，贷款数额越大，“佣金”就越多，而且与贷款有关的人都越能得到好处。结果是金融机构人员以权谋私，企业为了得到贷款而投其所好，一笔笔贷款就这样出去了。腐败问题并不是发展中国家特有的。实际上在发达国家，这一问题也严重存在。东亚国家一定程度上存在的政企不分现象，也是大量滋生腐败现象的重要原因。

3. 政府因素的存在使得商业银行微观绩效改革大多无效

近年来，地方政府支配资源的能力并没有减弱，似乎还有加强之势。地方政府通过各种方式控制土地、矿产等要素的价格，并控制着税收、收费、准入等对经济和金融活动有着绝对影响力的多种要素。掌握着这样一些被银行视为最值得信赖的抵押物，事实上使得地方政府更多地掌握了对金融资源的配置权。在这样的制度环境下，金融必然要与权力相结合，金

融资源必然要服从于行政权力而配置。也就是说，银行收入结构中的很大一部分来自政府能够直接或间接控制的资源。这就不难理解，为什么银行微观治理的改善（如国有商业银行的上市、外部战略投资人的入股等）不能保证达成资源优化配置的宏观要求。可以看到，不少商业银行在市场竞争压力下，不得不又重新回到与地方政府合作的路子上去。实质上，这可以看做是在政府主导的资源配置的模式下，银行迫于经营的压力，而无法挣脱现行的体制框架。

三　货币政策对银行脆弱性积累的影响

货币政策与银行脆弱性有着密切的关系。货币政策的目标即价格稳定和银行业稳定这两者之间的联系是互相依赖的，经济的稳健取决于银行体系，而银行体系又依赖于经济的健康，就是说，即使是一家稳健的银行，在遇到足够强大的宏观经济冲击时，也可能陷入经营恶化的困境甚至是危机。

针对金融或银行脆弱性，弗里德曼和施瓦兹等人提出了货币主义的解释。他们认为如果没有货币的过度供给，金融体系的动荡不太可能发生或至少不会太严重。货币政策的失误引发了金融风险的积累和发生，或者使小小的金融风险演变为一场灾难。

（一）美国及日本的经验教训

1. 过度放松的货币政策加剧了美国银行体系的脆弱性

过于放松的货币政策可能会在短期内给银行带来好处，但是长久会造成通货膨胀和资产价格泡沫，扰乱银行的经营，侵蚀银行资本的真实价值，导致银行的问题贷款大量增加，导致金融风险的进一步增加。对此，美国金融危机的爆发是一个生动的例子。美国联邦储备委员会长期实行低利率政策刺激消费，虽然促进了美国经济恢复增长，但也刺激了房地产市场的迅速膨胀。由于美联储放松金融管制，鼓励商业银行向信用等级低的借款者放贷，次级房贷市场空前火爆，一些投资银行为扩大利润来源，设计出一系列以次级抵押贷款为支持的高杠杆衍生产品。随着 2004 年以后美联储的连续加息，房地产市场出现低迷，拥有大量次级抵押贷款衍生品的银行机构纷纷陷入亏损的困境。

2. 不当的货币政策与日本的泡沫经济

日本 20 世纪 80 年代末由于货币政策的失误导致经济泡沫的产生，最终使大量银行资产质量恶化，不少银行倒闭。当时，日本银行持续下调再贴现率，导致了货币供应量大幅度的增加。按照货币主义的传统理论，当商品的供应和需求不变，货币供应量的增加将引起物价成比例的上升。但是，在日本的泡沫经济时期，货币供应量的增加，并没有带来物价上涨，但却导致了资产膨胀。进入浮动汇率制以来，中央银行的重要政策目标是货币对内价值的稳定，当新增加的货币没有流入商品和劳务市场，物价自然不会发生太大变化，由此给中央银行造成货币供应正常的幻觉。但是，新增加的货币大量流入资产市场，推动资产价格上涨，由此形成泡沫经济。

日本泡沫经济形成的基本途径是，货币供应量增加，货币流入股票市场和不动产市场，与此同时，日元升值带来进口产品价格的下跌，加上日本经济的高供给能力，有效地抑制了通货膨胀，货币供应量的增加引起资产膨胀并带动国内生产总值的扩大，从而形成了前所未有的经济繁荣。当日本银行于1990年迅速大幅度收紧银根之后，货币供应量下降，股市和不动产市场迅速下跌，资产缩水导致许多银行机构、企业和个人发生亏损和坏账，债务链条的断裂加速了资产价格的下跌，泡沫经济就此破灭并致使整个银行体系陷于瘫痪状态。

（二）中国货币政策的缺陷与银行脆弱性

1. 存款准备金付息导致金融机构在中央银行大量存款

准备金付息是我国独有的货币制度，这使得中国法定存款准备金在调节货币供应量和信贷规模的作用和影响与其他国家不太一样。我国的准备金付息制度是建立在“商业银行在中央银行的存款利率应高于其吸收存款的成本利率”基础上的。在这样的利率机制作用下，商业银行通过把吸收的存款存于中央银行就能获得无风险的收益，刺激了商业银行追求存款规模为经营目标的主导思想，商业银行的利润结构主要依赖于利息收入，而对中间业务等的创新动力不足。同时，这也不利于商业银行资产结构优化调整。从长期来看，存款准备金付息制度削弱了商业银行赢利能力，从而降低其清偿力。

2. 利率调整的非对称方式加强了银行的信贷冲动

由于商业银行的负债结构中，活期存款所占的比重达到50%左右，活期存款利率下调实际上扩大了商业银行的净利息差，从而使商业银行信贷扩张的激励也更为强烈，固化了商业银行赢利模式的单一，不利于资产风险的分散。事实上，根据已在上海和深圳证券交易所公开上市的商业银行定期报告披露的信息来看，各商业银行的净利息差确实随着中国人民银行存贷款基准利率的调整而呈现上升趋势。

第四章　独立性视角下的中国商业银行体系的脆弱性

一般提到银行独立性时主要是指中央银行的独立性，即中央银行独立执行货币政策而不受政府干扰的程度。很少有文章提到商业银行独立性问题，这可能是因为西方国家的商业银行完全是自主经营，自负盈亏，其决策及管理等行为只根据市场状况而不受政府直接影响，因而独立性根本就不是一个问题。而在中国，商业银行的独立性恰恰是一个不可忽视的问题。首先，这里的商业银行独立性是指商业银行相对于政府机构的独立程度，即商业银行根据市场情况不受干扰、独立自主地进行商业决策并实施的程度。也可以简单地概括为决策独立性和工具独立性。其次，中国大部分商业银行受到国家或地方政府较多的管制或影响，表现为中国商业银行决策行为等方面的独立性缺失。独立性缺失导致其不能适应市场变化，当外部环境面临较大不确定性时，银行决策及行动却显得过于僵化迟钝，因而不能发挥银行自身应对不确定性的专业化组织功能。另外，商业银行对经济发展过程中的资源优化配置效用也还需要根据市场状况及企业效益做出独立灵活的选择。即我国商业银行独立性的缺失会直接导致在不确定性环境中不能或不够及时采取恰当的应对措施，同时不利于市场资源的优化配置，这反过来会使银行长期营利性不足，最终使其缺少应对风险的资本。

第一节　商业银行独立性与其脆弱性的关系

商业银行独立性与银行脆弱性关系的核心在于两者都同不确定性概念紧密相关，可以从两方面论证：

首先，我们来看银行脆弱性与不确定性的关系。众所周知，商业银行面临的风险包括信贷风险、市场风险、操作风险、流动性风险等，这些风险尽管客观存在，但其影响因素不仅众多，而且时刻在变，要从主观上准确把握其存在状态乃至给出一个较为准确的概率分布是不可能的。由此，本书认为银行脆弱性的本质是指银行体系面临的不确定性与它在这种状态下的决策及应对措施。其程度大小取决于这两个方面的综合效果。所以，银行脆弱性实质是银行体系面临的不确定性及其如何应对的问题。

其次，从独立性本义来看：独立性代表着经济主体的选择能力，是经济主体根据市场条件变化灵活决策及行动的前提，独立性的丧失或减弱意味着在不确定性条件下选择能力的减弱，所以必然会增大脆弱性。因此，一般情况下，商业银行独立性缺失程度同其脆弱性程度正相关。但是，独立性对脆弱性的具体影响大小还要看其他条件如何，比如，国家政府对商业银行的保护程度；银行体系的监管水平等。

总之，无论如何，商业银行的独立性对其脆弱性都有重要影响：一是，商业银行独立性直接关系着商业银行在诸多不确定性条件下能否灵活有效地采取相应措施手段，即独立性同银行直接管理风险的能力密切相关；二是，从风险的间接及长期预防来看，独立性缺失会使商业银行不能根据市场状况及企业效益做出灵活有效的选择，这反过来会使银行长期营利性不足，最终使其缺少应对风险的资本。

第二节　影响商业银行独立性的一般性因素

一　一国的银行制度演变及其历史因素

一国银行制度的演变历史很大程度上决定和反映了该国商业银行同政府及企业之间的关系。一些发达资本主义国家因市场经济发生、发展得早，与市场经济配套的各项制度较为健全，所以银行产业多是自然演进的，政府几乎不干预其经营发展。这一类型的典型代表是英国。同英国经济和金融体制的自然构造方式相适应，英国银行业经历了自然的、渐进的、很少人为干预的发展演变过程。因此，英国的商业银行不仅完全独立于企业，甚至在监管方面也是以英格兰银行的非正式询问为主，极少出现直接针对某一行为银行，更不用说政府的直接干预了。而后起的国家，如日本、德国、社会主义国家和一些发展中国家一般是在历史发展潮流的基础上进行的人为干预推进。因此，商业银行的发展方向、集中程度、集中形式在较大程度上按政府的意愿和政策方向发展；不确定的因素在于人为的色彩过重，表现为商业银行与政府及企业之间的亲密且复杂的利益关系。

事实上，各国银行不同的集中方式的演进模式从另一面反映了历史及制度对银行独立性的影响。由于各国具体国情不尽相同，各国银行业的集中方式也各异，一般可以分为三种类型：①

（一）自然演进型

一些发达资本主义国家因市场经济发生、发展得早，与市场经济配套的各项制度较为健全，所以银行产业组织市场结构的集中多是自然演进的。这一类型的典型代表是英国。同英国经济和金融体制的自然构造方式相适应，银行业集中也是伴随商品经济和货币信用制度的自然发展和演进而渐进地、自然地实现的。在20世纪初，随着生产的集中，银行业内通过股份制大银行兼并小银行、城市银行兼并乡村银行等方式，实现了银行业市场的集中。到1921年，最大的11家伦敦清算银行经营着2500个以上的分行，形成了大银行高度寡占的市场结构。第二次世界大战后，英国金融业竞争日趋激烈，银行业的集中尤其突出，形成了“四大行”（巴克莱、国民西敏寺、米德兰和劳埃德）寡占地位的市场结构。在英国银行业演进的过程中，政府采取的是不干预政策，任其自由发展。这种方式的特点是自然、渐进、摩擦震动小，符合社会需要，市场效率较高。

（二）行政干预型

就是适应一国政治、经济和社会发展的需要，国家通过行政政策干预使银行业趋向集中。特点在于：一般是在历史发展潮流的基础上进行的人为干预推进；发展方向、集中程度、集中形式在较大程度上按政府的意愿和政策方向发展；不确定的因素在于人为的色彩过重，人的主观意愿与客观效益的适应程度如何是一种不可忽视的制度性因素。行政干预型的典型代表是赶超型国家，如后起的日本、德国、社会主义国家和一些发展中国家。

（三）司法抑制型

其特点是对银行业的市场集中是通过法令和政策约束市场的方式实现的。美国是该类型的典型代表。由于特殊的历史和社会因素，美国积极倡

① 白钦先：《白钦先经济金融论文集》，中国金融出版社1995年版，第158—160页。

导竞争和效率，并为此制定一系列的反垄断法和公平竞争法，长期以来形成了单一银行制，使得经济金融领域竞争程度较高。这种类型力求在保持银行业的效率与垄断之间达到平衡，所以美国的银行企业数量较多。但在资本集中规律和不断金融创新等因素的作用下，银行业集中度在司法抑制型的美国仍然不断提高。进入20世纪80年代，随着国际银行业务的发展和里根政府的鼓励，在美国掀起了一股银行合并风潮，经过十多年的合并收购，美国银行数目已由80年代初的约1.5万家下降到1997年度的9530家。美国1999年《现代金融服务法案》取消了分业经营的限制，此后发生的美国大商业银行与大投资银行的兼并案更加剧了美国银行业的集中趋势，提高了美国银行业的集中度。

二　银行外部监管制度

商业银行由于其在经济发展中的重要性及外部性，因而在各国都受到普遍监管。不论其动机如何，[①] 监管本质都是政府对市场行为的干预，是政府对追求经济利益最大化的商业银行的限制，无疑对商业银行行为有着重要影响，所以监管的程度与范围（即监管边界）必然影响商业银行的独立性。一般来说，银行监管边界与银行独立性呈反相关关系，据此可以分为三种情况：监管不足、适度监管和过度监管。在三种情况下，商业银行独立性依次递减。从历史传统来看，西方发达国家强调自由市场理念，银行业尽管有其特殊性，但同其他企业一样是以经济利益最大化为目标，因而其银行监管总的来看相对较少，银行独立性也就较高；[②] 而转型国家（包括中国）大多数是威权国家（或称集权国家），在促进国家快速发展过程中需要国家集中金融资源，银行实际上往往是完成计划指令的执行杠杆和操作工具，商业目标位居其次，因此完全不具备自主运作的独立性。与此相对应，政府金融控制导致的银行过度监管普遍存在，商业银行独立性程度弱。因为过度监管不仅阻碍了商业银行的创

---

① 关于银行监管动机的理论解释有公共利益论、金融脆弱性理论、利益集团论及政府掠夺论等，这里不做详细论述。

② 具体来看，不仅各国银行监管是各不相同的，如英国的银行监管比美国在传统上更松；又如德国的银行监管在经营范围方面相对于英美较为宽松等。而且，一国的银行监管在不同时期也是不同的，最明显的是美国从20世纪初大萧条时期起银行业经历了多轮严格管制和放松交替的周期。但无论如何，总的趋势是在保证银行稳定的情况下，银行独立性是不断增强的，明显表现是商业银行的经营范围不断扩大，其业务及产品受到的管制越来越少。

新，更扭曲了商业银行管理层的激励动机或增加了商业银行市场化行为的执行成本。

三 商业银行的公司治理内部机制

公司治理结构可以理解为一种对公司进行管理和控制的体系。公司治理结构将法人治理机制视为一种内部治理体制，主要通过股东会、董事会、监事会的结构设置，明确权责分配，达到三者间约束与权力制衡的目的，从而能够减小代理问题。商业银行的公司治理已经成为银行稳定的一个重要因素。尤其在仍需要进一步加强法律和监管基础设施建设的转轨经济中，银行公司治理发挥着重要作用：建立对金融体系的信任，确保银行存款者相信他们的资金委托给了有能力和诚实的管理者。较差的公司治理破坏了客户对银行和金融机构的信任、阻碍了潜在的客户。

从实质上看，商业银行公司治理结构的创设是为了在尽可能使交易成本最小化的同时达到效益最大化的目的，也就是说，公司治理结构必须在以下两方面进行权衡并达到一个最佳结合：一是银行的公司治理结构能够有效地对高层管理人员的机会主义行为进行制约；二是高层管理人员能够灵活独立地制定银行发展的目标、战略等，由此使银行能适应变化的环境。因此，“松紧”合适的公司治理结构能促进商业银行的灵活有效经营，反之，不论是什么缘由导致的内部治理问题必然会影响商业银行的独立性。

四 商业银行的资本结构

商业银行资本结构是指商业银行长期资金各项来源的组合及其相互关系（范文燕，刘宗华，2002）。可以从两个方面理解它：第一，股权资本与债权资本的比例关系。第二，股权资本与债权资本内部各自的结构关系，通常称之为股权结构和债权结构，基于此含义的指标如国有股（或国家资本）的比率。对于现代股份制商业银行的独立性来说，资本结构之所以重要是因为它与公司治理结构紧密相关。就股权资本的结构来看，它代表着所有权结构，即代表着股东行使的权力框架，自然与公司治理结构密不可分。因此，商业银行资本结构所要解决的问题仍然是在削弱管理层机会主义行为和提高管理层独立性之间的权衡。事实上，已有研究也表明了这点。

资本结构的重要衡量指标之一是股权集中度。按照股权集中度可以将公司治理模式分为集中的所有权模式和分散的所有权模式。格罗斯曼和哈特（S. Grossman and Hart，1980）认为，集中的所有权则是一种制约管理层道德风险的有效机制。因为与分散的所有权相反，在股权集中型公司中，由于大股东从监督管理层行为中所得收益大于其付出的监督成本，从而具有监督管理层的激励。同时，其较大的持股份额也赋予其控制管理层行为的能力。因此，在这种类型的公司中，管理层的道德风险可能会得到有效抑制。施乐勒弗和维施尼（Shleifer and Vishny，1986）的模型也表明，当公司经理人员存在牺牲股东利益建造个人帝国的行为时，大股东可以通过代理权争夺或接管的方式将其撤换。尤其重要的是，当一国处于不完善的市场经济条件下，其法律体系和监管质量都不高，从而导致在声誉机制、代理权争夺等治理工具难以有效运转的情况下，集中的所有权却能在公司治理中发挥重要作用。尽管在股权集中型的公司中，管理层的道德风险可能会得到有效抑制，但与此同时，集中的所有权也带来了其他成本：即，大股东对公司的过度干预可能限制经理人员的非合同性人力资本在公司的投入以及对工作的积极主动意识（Burkart et al.，1997）。

五　银行领域中的预算软约束问题

由科尔奈（Kornai）首先提出的“软预算约束”（Soft Budget Constraint）概念，最初是用来描述社会主义经济以短缺为标志的一些行为，但现在软预算约束概念已广泛应用于转轨经济学领域。事实上，软预算约束问题现在已构成了转轨经济学的核心。不仅如此，在社会主义经济与转轨经济之外，软预算约束的空间也在不断拓展。软约束理论的研究重点从狭义的所有制和社会政治制度层面转向了广义的不同利益主体共谋和设租等超越意识形态的信息经济学、激励理论的研究。正如科尔奈等人认为（Kornai，Janos；Maskin，Eric and Roland，Gerard，2003），与市场运作相比且对立，软预算约束综合征是一种实质性改变社会经济选择过程的复杂现象，它不仅存在于公有制经济中，并且在其他经济环境下也大量存在，甚至在完全私有的经济中也存在软预算约束现象。同样，在银行及其他金融中介机构中也存在软预算约束综合征。比如，国外的一些影响较大的银行及其他金融机构当身处金融困境，很少有就此歇业的，一般都会被另一家银行兼并，然后继续经营，这种情况屡见不鲜。在此作为支持体①发挥作用的，或是政府，或是其他金融机构。

银行在软预算约束方面扮演了双重角色，银行可能作为支持体面对企业的软预算约束，也可能作为预算约束体而面对自身的软预算约束。作为银行支持体的可能是政府，也可能是央行。

在政府或央行是否应该作为银行的最后贷款人，以及如何担任这一角色的问题上，学者们存在更多的争论。因为银行作为金融中介，其运行波动对一国经济会产生重要影响。为防止出现连续的金融动荡，政府或央行总是会对处于困境中的银行给予救助。据古德哈特和斯库恩麦克（Goodhart and Schoenmaker）所做的研究发现政府给予困难银行救助的比例相当高，在 104 家困难银行中，73 家得到拯救，31 家最后清盘（Goodhart 和 Schoenmaker，1995）。但为之付出的代价也是高昂的，救助困难银行的资金已占到日本 GDP 的 30%，墨西哥 GDP 的 27%（Freixas，1999）。古德弗雷安德和金（Goodfriend and King，1988）、哈姆弗雷（T. Humphrey，1989）以及史瓦兹（Schwartz，1995）认为，政府的干预扭曲了对银行管理层的激励，从而刺激他们承担过度的风险。为避免软预算约束问题，他们主张政府干预的办法应仅限于通过公开市场业务在宏观层面加以调控。在古德哈特（Goodhart，1995）看来，在多数情况下，很难区别流动性不强和资不抵债之间的差别，所以只向流动性不强的银行放贷缺乏可操作性。米什金（Mishkin，1995）、桑特麦罗和霍夫曼（Santomero and Hoffman，1998）、弗雷克思（Freixas，1999）、弗雷克思、派瑞吉与罗切特（Freixas，Parigi and Rochet，1998）则认为放任银行的破产会产生广泛的外部性影响，所以政府的救助其实是有效率的。古德哈特与黄（Goodhart and Huang，1999）认为在政府担当最后贷款人的过程中，限制软预算约束的一个办法是政府只向大银行放款。而弗雷克思（Freixas，1999）主张实行不确定的救助方法。黄海洲与许成钢（1999）认为尽管从短期看，在特定条件下救助大银行的政策可能是最优的，但从长期看，可能导致无效率的银行兼并，因此是有害的。如

① 预算约束体（budget constraint organization）指那些支出在以最初的禀赋和收入为限时，如果入不敷出产生赤字，那么在没有外部干预（或资助）的情况下不能继续存续的组织。而预算支持体（supporting organization）就是在预算约束体出现赤字时给予全部或部分支持的组织。对于国有企业，通常由政府的一个或多个部门来发挥支持体的作用。

果一国的银行规模都很庞大，那么软预算约束的问题就会加重。所以他们认为最优的最后贷款人政策不应与银行体系多元化改革相分离。

因此，在预算软约束存在条件下，作为预算支持体的商业银行的独立性必然受到其支持体较大的影响。从根本上说，软约束之所以会对商业银行独立性产生影响还是在于它对经济主体市场化行为的扭曲作用。通常，一旦银行（预算约束体）认为在其身处困境时会得到救助，那么他们的行为就会因此而发生扭曲。最重要的扭曲也许是削弱了银行管理层追求利润最大化的努力；即便没有利润动机，也会削弱银行管理层使其损失最小化的努力，而且还会导致银行没有动力去进行科技创新和新产品的研发。软预算约束综合征还会使银行对价格信号（利率等）变得迟钝，因此也削弱了市场价格信号的作用。在软预算约束的情况下，银行不会去尽力满足客户的需求而是去迎合支持体的喜好。所有这些行为扭曲都降低了受预算软约束影响的银行的独立性，进而软化其赢利和防范风险的能力。

第三节　中国商业银行的独立性缺失与脆弱性

一　中国商业银行独立性缺失的根本原因

银行从来不完全独立于政府，这是金融信贷关系演变为国家法偿信用体系后的一般规律。尽管如此，但我国主要商业银行特殊之处在于其长期不独立于政府所有的国有生产企业，即便是现在，政府掌握过多资源配置权力以及政府与大企业之间的密切关系等仍然是影响商业银行独立性的根本制约因素。而在西方国家中，商业银行是独立于其他生产企业的。政府可以对商业银行进行间接调控以影响其行为模式，但不能发出指令。相应的，政府、商业银行和企业之间的货币供给与需求的关系，其基本性质总是独立的所有者之间相互交换权利和义务的关系。相比之下，我国则是常有政府针对商业银行的指令，过去、现在都是如此，只是过去更多一些。这是我国商业银行体系形成的特殊历史背景所决定的。中国的银行体系也是从一个机构——单一银行（中央银行）演变而来，该银行同时负责货币政策和商业银行业务。中国商业银行体系的发展严格服从于国家赶超型发展战略，因而其发展的每一环节都受到较严格的金融控制。即便经历了专业银行、股份制银行的一系列市场化改造过程，商业银行和政府的关系仍然非常密切，这有别于大多数国家。与政府的密切关系在两方面影响了商业银行的独立性。

首先，主要商业银行与政府机构在人事上的密切关系，不利于商业银行独立的市场化决策及竞争行为。陆磊等人（2006）认为，因为人事可以互换，所以国有控股银行之间的竞争缺乏实际意义。2005 年，两家存在竞争关系的全国性股份制商业银行高级管理人员换班；2006 年，三家大型国有和股份制银行高级管理人员交流，这导致商业性机密在国有控股银行间并不真实存在，也就导致市场竞争实际上是一种"伪竞争"[①]。霍华德·戴维斯（Howard Davies，2005）也明确指出：中国的金融体系还过于纠缠杂乱，在银行的高层经理、银监会以及中央银行的官员之间，经常发生人事上的交换，仿佛他们是在为同一个组织服务。[②] 通常在英美等发达国家，银行、顾客和监管者之间清晰明确的相互关系是整个银行体系的基础，它确保了信贷分配体系的正常运转。总之，我国主要商业银行高层人事关系的非独立性必然导致商业银行信贷等方面的决策和实施体现为非市场化色彩较重。

其次，政策性与商业性的冲突影响了商业银行的独立性。在 1994 年以前，通常的表现是商业银行目标混乱，职责不清。这样的后果是：一方面政策性任务缺乏必要的资金支持，另一方面经营性风险和亏损又被政策性任务掩盖起来。1994 年以后，专业银行和政策性银行的分离以及以后的股份制改革，中国主要商业银行市场化改革取得重大突破，这种情况得到很大改善，表面上中央及地方政府直接的政策性业务已经很少，但实际干预仍然很多。这有其必然性，陆磊等人（2006）认为，尽管经过多年的改革，地方政府的直接干预行为基本不复存在，但只要经济增长率仍然是衡量地方政府绩效的主要指标，经济增长的主要推动力仍然是投资，则各种形式的干预仍将继续存在[③]。刘煜辉（2006：a，b；2007 和 2008）则从银

---

① 陆磊等：《中国国有银行改革的理论和实践问题》，《金融研究》2006 年第 9 期，第 1—14 页。

② ［英］霍华德·戴维斯：《中国的金融改革》，载吴敬琏主编《比较》，中信出版社 2005 年版，第 65—80 页。

③ 陆磊等：《中国国有银行改革的理论和实践问题》，《金融研究》2006 年第 9 期，第 1—14 页。

行收入结构角度研究了政府干预银行的动机[①]及方式。因为政府主导的资源配置模式仍然没有转变，即政府依旧掌握重要的稀缺资源，比如土地、市场准入资格证等。根据其政策需要，利用这些稀缺资源，政府很容易与银行达成交易，吸引银行资金进行一些政策性项目投资。因此，政府事实上掌握了商业银行收入结构中的相当大的一部分收入来源。所以，尽管可能存在风险，但商业银行为了短期利益以及考虑到潜在的政府威胁，[②] 通常商业银行总是把积极配合政府政策性行为放在第一位，其他因素则是次要的了。

总之，政府因素过多的涉入是商业银行在人事及投资等方面决策及行为丧失独立性的重要根源。

二　中国商业银行独立性缺失的现实原因及条件

在一般市场化国家中，公司的资本结构同其治理结构有较大关联。也就是说，公司是以举债还是以股票融资会受到公司治理结构形式及其好坏程度的影响。一般情况下，当公司治理情况很差的时候，投资者就会更加倾向于以债权的方式投资。我国商业银行似乎恰好相反，国家推动形成的资本结构在很大程度上左右了商业银行公司治理结构及决策等行为。

首先，我们来看一些著名的商业银行的股权结构状况（见表4—1）。这些银行的股权结构有一个明显特点，即股权集中度较低。事实上，发达国家金融机构股权非常分散，最大股东通常也就持有4%—5%的股权。从理论上讲，对于在市场经济较为发达的国家中股权较分散的上市银行来说，来自市场的约束作用会比较明显。因为单个股东的作用非常有限，股权流动性增大了被外部接管的可能性，对银行管理层会产生较大压力，促使他们努力工作，提高银行绩效。当然不能一概而论，其他因素，如薪酬机制等也很重要。但总的说来，这种银行资本结构在原则上有利于市场力量发挥警戒经理层的机会主义行为的作用，同时也有利于激励他们独立地采取任何合法合规的手段提高银行绩效，因为对于国外商业银行经理来说，市场绩效即便不是唯一的，也应该是非常重要的衡量标准。

---

① 同陆磊等人一样，刘煜辉认为地方政府干预银行的动机仍然是追逐GDP指标，并且他将这种机制称为“GDP锦标赛”。

② 比如政府招标项目或其他优质项目方面的限制及约束。

表 4—1　著名国际银行股权状况　单位：占总股本比%

股东分类	美洲银行	汇丰银行	花旗银行	德意志银行
最大股东	4.1	4.43	3.26	4.99
前 5 大股东占比	15.9	15.91	13.43	13.41
前 10 大股东占比	22.7	19.45	18.97	17.35
前 20 大股东占比	29.9	23.01	24.25	21.03

资料来源：中国经济信息网：2007 年中国行业年度报告系列之银行。

那么相比之下，中国的商业银行情况如何？首先，既有的典型研究（张杰，1997，1998，1999）表明对于国有银行来说，居民存款实际上起着替补国家注资的作用，在国家的有力担保之下，国有银行完全可以把居民储蓄存款的相当一部分视作自有（国有）资本；由国家直接注资与在国家担保下吸收存款，其效用是完全等价的。国有银行确立以债务性注资为核心的资本结构，其精妙之处在于使国有银行的产权拥有者与真实出资者相分离。债务性注资在资本结构中占的比重再大，体现的也只是债权而不是所有权。结果，国家一方面不需要直接拿出钱来，减轻了财政压力，另一方面并没有放弃国有产权从而继续保持金融控制，可谓一举两得。既然如此，国家既无补充资本金的激励，也无补充资本金的必要。在这种情况下，真正重要的是国家的担保能力和人们对国家的信心，而不是国有银行的资本充足率。所以国有银行缺乏独立性是必然的。

但是现在形式已经发生了巨大变化：国家前前后后通过各种方式注入了大量资本以及其他方面的改革，使得我们有必要重新审视新形势下中国商业银行的资本结构对银行独立性的影响。

下面我们来考察中国主要商业银行（按银监会规定，即 5 家国有商业银行和 12 家股份制商业银行）的资本结构及其对商业银行独立性的影响。同表 4—1 相同的是，我们也通过中国主要商业银行的 10 大股东及最大股东的概况了解中国主要商业银行，当然非股份制银行例外。表 4—2 列出了中国 17 家商业银行投资主体的基本情况：

表4—2　17家中国主要商业银行投资主体概况（其中百分比皆为占总股本的%）

银行名称	投资概况
中国工商银行	国家股总额为70.66%，其中财政部持股35.33%，汇金公司持股35.33%。其余为流通H股和流通A股股东
中国农业银行	国有独资，预备上市 中国农业银行副行长潘功胜2008年10月透露，汇金公司将向农行注资1300亿元人民币等值美元，与财政部各持农行50%股份[①]
中国银行	十大股东中，国家股67.49%（汇金公司持有），其余为流通H股和流通A股股东
中国建设银行	国家股56.55%（汇金公司持有），国有法人股8.85%（中国建银投资有限责任公司持有），其余为流通H股和A股股东
交通银行	国家股26.48%（财政部持有），流通H股22.01%（香港中央结算（代理人）有限公司持有），主要国有法人股6.06%
中信银行	在大股东中，国有法人股62.33%（中国中信集团公司持有），其余为流通H股占33%
光大银行	国家股70.88%（汇金公司持有），国有法人股13.82%（分别为中国光大（集团）总公司和中国光大控股有限公司持有）[②]
华夏银行	十大股东中主要为国有法人股，份额为36.42%，其中最大股东首钢总公司为13.98%。其余为境外法人股，份额为21.42%
广东发展银行	2006年认购重组后的广东发展银行85.5888%的股份。持股比例为花旗集团、中国人寿、国家电网、中信信托各占20%，IBM信贷4.74%，粤财控股0.8488%[③]
深圳发展银行	控股股东为美国新桥公司（Newbridge Asia AIV III，L. P.），份额为16.76%（境外法人股），其余为其他流通A股占17.38%
招商银行	流通股H股17.8%（香港中央结算（代理人）有限公司持有），主要国有法人股为31.12%，其中最大股东招商局轮船股份有限公司占12.34%
上海浦东发展银行	在大股东中，国有法人股23.57%（上海国际集团有限公司持有），其余为其他流通A股占21.91%（包括国有法人股、境内法人股等）
兴业银行	十大股东中，国家股20.44%（福建省财政厅持有），其余为流通A股占33.25%（包括国有法人股（至少10%）、境内法人股等）
中国民生银行	十大股东持股较为分散：新希望投资有限公司5.9%，中国人寿5.1%，中国平安4.93%，其余份额分别为4.82%、4.75%、4.01%、3.94%、3.40%、3.35%、3.09%
恒丰银行	截至2007年末，公司股东总数为39户，均为境内非流通法人股份；公司总股本为10亿股。大股东中第一和第二分别为烟台市财政局（国有股，比例为6.5%）和烟台市电力开发有限公司（国有独资股，比例为5%）[④]

① 资料来源：http：//www.chinanews.com.cn/cj/zbjr/news/2008/10—22/1421849.shtml，中国新闻网。

② 中国光大银行2007年度报告。

③ 资料来源：2007年中国行业年度报告系列之银行（中国经济信息网）。

④ 恒丰银行股份有限公司2007年年度报告。

续表

银行名称	投资概况
浙商银行	国家法人股14.29%，由浙江省交通投资集团有限公司（第一大股东）持有；其余股份主要由15家民营企业持有，占股85.71%[①]
渤海银行[②]	全部股份由7名股东持有，其中国有法人股72.01%，分别由天津泰达投资控股有限公司持有25%，中国远洋运输（集团）总公司持有13.67%，国家开发投资公司持有11.67%，宝钢集团股份有限公司持有11.67%，天津信托投资有限责任公司持有10% 外资股19.99%，由渣打银行（香港）有限公司持有 境内法人股8%，由天津商汇投资（控股）有限公司持有

说明：除了特别标注来源的资料外，其他资料均来自中信证券网上交易系统2009年1月份的个股资料。

有必要先说明一下国家股及国有法人股的概念。我国按投资主体的不同性质，将股票划分为国家股、法人股、社会公众股和外资股等不同类型。国家股是指有权代表国家投资的部门或机构以国有资产向公司投资形成的股份，包括公司现有国有资产折算成的股份。国家股由国务院授权的部门或机构持有，或根据国务院规定，由地方人民政府授权的地方部门或机构持有。国家股是国有股权的一个组成部分，国有股权的另一组成部分是国有法人股。国有法人股指具有法人资格的国有企业、事业及其他单位以其依法占用的法人资产向独立于自己的股份公司出资形成或依法定程序取得的股份。因此，国有股和国有法人股对于我们分析中国商业银行行为的意义是：

（1）对于商业银行来说，国家股比重可以反映的是中央政府和地方政府与商业银行之间关系密切程度，两者无疑呈正相关关系，即国有股比例越高，关系越密切。

（2）对于商业银行来说，国有法人股比重反映了国有企事业单位与商业银行之间关系的密切程度，同样也是呈正相关关系。

（3）在这种双方的密切关系中，双方关系天然不会不对等。不考虑中国的其他因素，按照企业股份制规则，主要出资人（即控股股东或大股东）都会对银行产生影响，并且这种影响显然同其所占股份额度呈正相关。

所以，在商业银行中国家股或国有法人股的比重高低同其独立性呈反相关关系。我们下面结合以上论述，来分析中国商业银行的资本结构问题。首先，我们来考察5家国有商业银行。中国农业银行毋庸置疑是独资

① 见浙商银行网站，http://www.czbank.com/czbank/html/5.html。

② 该栏目资料及数据来自渤海银行股份有限公司2007年年度报告摘要。

银行，即便在改制后一段时间内，也应该是国家股占 100%。而余下的四家国有银行，其国家股由高到低依次为中国工商银行 70.66%，中国银行 67.49%，中国建设银行 56.55%，中国交通银行 26.48%，都位于 10 大股东的首位，处于控股地位。毫无疑问，相比于改制前，国家对这些银行的控制力基本上没有削弱多少，银行的独立性也不会有实质性提高。其次，我们再看 12 家股份制商业银行的情况。其中民生银行 10 大股东持股分散且比例不高；深圳发展银行的控股股东为美国新桥公司，剩下 10 家银行的 10 大股东中的第一大股东全部是国家股或国有法人股，并且股权集中度相当高，基本处于控股地位。因此，政府和国有企业依然在相当大的程度上影响这些银行的决策及行为。所以，我国 12 家股份制银行总体上来说，独立性也是较为缺乏的。

进一步分析，中国商业银行的资本结构之所以会严重导致其独立性的缺失，主要原因可能是政府或国有企业借助控股权将行政部门或国有企业的管理方式保留在商业银行（对于国有商业银行）或带入商业银行（对于那些新的股份制商业银行）。而这种管理方式的行政化、官僚化及缺乏灵活性与商业银行根据市场变化，灵活制定决策及行为的独立性是背道而驰的，使中国的大多数商业银行只具有“商业”其形，而无“商业”其神，实际上行政及计划色彩依然浓厚，这必然严重制约商业银行的独立性乃至独立性丧失。总之，尽管形式有了不小的变化，但国家对银行业强有力的控制的实质并未改变。

三　中国商业银行独立性缺失的微观基础

当前中国不少股份制商业银行虽然已经采取了诸如上市以及引进战略投资者等措施，但其对于商业银行独立性的提高并不理想。除了以上两条原因外，还需要从其微观基础——商业银行公司治理结构的角度作进一步说明。在上述的资本结构问题中，我们已经说明中国商业银行必然受到政府较大影响，只是程度有所不同。因此，在商业银行公司治理结构中“党管干部”、“行政级别”激励仍然存在。谢平和陆磊（2002）在《党管干部原则、官本位制度与中国国有商业银行的公司治理结构》[①] 一文中对此

① 该文出自中国人民银行研究局编《国有商业银行公司治理结构专论》，中国财政经济出版社 2002 年版。

有精辟的论述。他们的主要观点是：（1）我国国有商业银行的党管干部原则替代公司治理（指西方国家的标准治理结构模式）是在我国现实条件下的一个次优选择。其决定因素如下：一是，由于委托代理链条过长等原因，在纵向治理结构方面，银行内部存在权力分布的扭曲，党组织作为外部强力集团的介入有助于矫正权力扭曲。二是，横向治理结构：外部人控制问题。为了避免地方政府的干预，也需要党组织的介入以保证中央对于金融资源的控制。三是，软约束下的硬化企图：激励相容约束的缺失。即党的人事管理和纪律检查机制在激励相容约束缺失情况下，是应对银行经理层的合乎逻辑的替代手段。（2）党管干部的一个直接后果就是出现了经营者市场与官员市场的一体化。基于此，行政级别激励也就是理所当然的了。综上所述，我国国有商业银行的公司治理结构模式非市场化状况，正是以牺牲商业银行独立性而换取对管理层机会主义行为的制约的一种被迫选择。

四　过度监管加剧了中国商业银行的独立性缺失

在过去，过度金融监管行为的扭曲主要是指两方面：一是习惯于计划性、行政性的管理模式，而没有注意到市场经济已有一定程度的发展；二是对金融机构正常的业务创新与违规经营不加区分，行政性的监管往往窒息了金融机构的生机。事实上，这种状况这些年来改变并不大。所以，在中国对商业银行的过度监管仍然是屡见不鲜。我们都清楚，监管者主要的作用应该是监督和保护市场的发展，而不要总是试图去领导市场的走向。但在中国，与发达国家相比，监管者所负担的领导责任似乎要大一些。比如，英国有关公司治理的规则由上市公司制定，报监管部门认可和监督即可，而中国的办法完全不同。从长远来看，监管者应逐渐从某些角色中退出来。

另外，过于突出监管的重要地位，某些监管措施干扰了商业银行的正常经营。如，对金融机构设立分支机构实行审批制，实际上是越俎代庖。商业银行只要满足相应的监管制度，不违背监管原则，应完全可以自主决定设立分支机构。监管机构从防范风险角度出发，对商业银行开展新业务和金融创新持审慎态度，即便最终获得批准，时间周期也很长，该项新兴业务可能已经不适应发展要求。这类过度监管行为压抑了银行的创新动力，使得原本就不活跃的国内金融创新受到阻滞，银行经营空间越来越狭窄。此外，监管的实施不系统、不连续，监管部门任意、重复要求监管对象报送材料和数据的现象屡见不鲜；加之监管部门办事程序烦琐，明显增加了金融机构的监管执行成本，一定程度上造成经营效率的损害。

五　预算软约束削弱了中国商业银行独立性的动机

一般认为，只有当预算约束体期望在其身处困境时能得到救助，并且这种期望反过来影响其行为时，软预算约束才会真正起作用；反之，如果救助是不可预期的，那么就不会出现软预算约束问题。后一点在国内国外的实践中都是难以达到的。

在国外实证研究中，由于预算软约束产生的金融损失的例子很多，如政府担保下的美国储蓄与放款协会的道德风险、得克萨斯州达拉斯的房地产危机以及美国垃圾债券市场泡沫等事实，这些都一再证明了在政府担保下，企业的趋利动机很可能导致背离所有者利益的破产后果，并导致巨大的社会成本。仅美国金融资产管理公司（RTC）处置储贷协会危机的总成本就高达539.66亿美元。因此，这里的预算软约束已经不再是投资饥渴、计划突破，而是国家担保下的高风险经营行为，最后由纳税人承担成本。

对于中国主要商业银行，这种被救助的预期显然也是稳定的。对于银行管理层来说，银行在遇到困境时，一定会得到政府的救助；对于存款者来说，基本不用担心银行（特别是主要商业银行）倒闭，存款受损，因为他们相信政府为了稳定一定不会让银行倒闭；而政府必须竭力稳定存款者的预期，所以也会救助商业银行，并且中国政府本身在主要商业银行就占有相当大的所有权。政府（汇金公司）对商业银行的历次注资等行为清晰地表明软约束的存在，如2003年12月分别注资中国银行225亿美元、中国建设银行200亿美元、建银投资公司25亿美元；2004年6月注资交通银行30亿元人民币等。这些都表明了支持体（政府）对预算约束体（商业银行）的支持。软约束之所以会对商业银行独立性产生影响还是在于它对经济主体市场化行为的扭曲作用。通常，一旦银行（预算约束体）认为在其身处困境时会得到救助，其行为就会因此而发生依赖性扭曲，即道德风险。最重要的扭曲也许是削弱了银行管理层追求利润最大化的努力，同时也会削弱银行管理层使其损失最小化的努力，而且还会导致银行没有动力去进行科技创新和新产品的研发。软预算约束综合征还会使银行对价格信号（利率等）变得迟钝，因此也削弱了市场价格信号的作用。在软预算约束的情况下，银行不会去尽力满足客户的需求而是会去迎合支持体的喜好。所有这些行为扭曲都降低了受预算软约束影响的银行的独立性，进而软化其赢利和防范风险的能力。

第四节　独立性缺失对中国商业银行脆弱性的影响

在发达市场经济中，银行部门同实体经济部门一样，是自主经营、自负盈亏的独立经济实体。但在国内，由于经济发展阶段和历史方面的原因，银行部门通常不具有这种充分的独立性。独立性缺失的一个直接后果，就是金融机制的人为扭曲和功能紊乱。而我们前面已经指出，独立性还代表着经济主体的选择能力，独立性的丧失或减弱意味着在不确定性条件下选择能力的减弱，因而会增大脆弱性。具体表现在以下几方面：

一　造成银行贷款集中

在建立资产处置公司，剥离不良贷款的基础上，央行把商业银行不良资产作为监管的重点，下达了促降指标。商业银行为了达标，也纷纷采取措施，不但要求新增贷款必须做到“双百”（即百分之百收回本金，百分之百收回利息），对存量资产的盘活也要求很高，各商业银行为了保证业务，只好争抢那些经营好、效益高的企业。

二　银行的指定贷款行为

政府会选择将居民的储蓄用于国有企业融资。这样做的一个途径是制定贷款，即运用政治影响力将银行贷款分配给选定的部门和公司。这种关联贷款其预算软约束问题非常明显。商业银行的预算软约束极大地降低了存款者的风险或投资者的风险，从而降低了存款者收集商业银行相关信息的积极性和主动性，最终减弱了市场监督的动力，削弱了分散决策的市场机制对风险的筛选与评估的机能。

三　过度监管与过度竞争

严格的市场准入制度对维护金融稳定、保证商业银行的稳健经营起到了积极的作用，但也存在一定的局限性。我国对银行市场准入的监管是属于银行产业市场准入监管比较严格的国家之一。我国对银行经营的业务品种的限制比较严格，对各种金融服务的价格也有统一规定，这在一定程度上限制了银行开发新产品的能力，缩小了银行金融创新的空间，使我国银行市场的大多数竞争局限在价格竞争上，而不是产品的差异化竞争。由于缺乏产品差异，市场中的银行没有增量市场份额可以竞争，只能在存量市场份额上竞争，这就使得我国银行业容易产生“过度竞争”。而“过度竞争”将严重损害银行业的经营效率，鼓励银行经理人推卸责任和机会主义行为。另外，过度竞争也会加剧贷款集中的现象，增大银行贷款的信用风险。

四　削弱银行的赢利能力

银行业要规避风险，取得赢利的条件是快速反应及决策，这在独立性缺失的情况下是无法完成的。比如，国际国内利率和汇率的经常调整，但商业银行如果不能自主地进行决定产品价格变化或进行金融产品创新来对冲利率、汇率变化，那么这种变化不仅使其丧失赢利机会，还可能使其面临利率或汇率风险。又如，基层银行面临一个好的市场投资机会，但可能在等待上级决策的过程中丧失。

五　造成银行管理者的“依赖陷阱”，风险意识淡薄

在中国各项限制措施下（如严格的市场准入限制），商业银行不需努力经营创新就可以保证银行机构获得垄断性的业务和差额利润，从而使金融机构的安全得到保证。由于金融机构拥有经营的垄断权，所以其业务是固有的，并能从中获得高收益。

第五章　中国商业银行脆弱性的外部环境因素分析

本章主要从三个角度来论述影响中国商业银行脆弱性的外部环境因素。一是中国银行业的法治环境的不完善对商业银行脆弱性的影响；二是中国企业的“二元极化”结构产生的不利融资环境对商业银行脆弱性的影响；三是中国金融市场的发展对中国商业银行脆弱性的可能影响。

第一节　市场是应对不确定性的有效机制

按照哈耶克关于不确定性的思想，我们可以推出这样的结论：如果市场机制完善，那么银行脆弱性不会引起人们的关注，因为市场本身是应对不确定性的有效机制。知识分散论（或信息分散论）是哈耶克推崇市场机制的一个重要理论依据。知识的分散性也是不确定性产生的根本机制。哈耶克认为，在市场经济条件下，由于有着众多的生产者和消费者，他们各自的经济活动和决策产生了巨量的信息，这些信息是进行资源配置所必需的。但是，这些信息分散在千百万人手中，这是市场经济的特征，是客观的。这种分散的信息只能通过市场过程进行交换和传递。他认为，市场本身就是一个最好的信息交换系统，充分适应了知识的分散特性。所以，让各人利用所掌握的信息去各自行动、相互竞争、分散决策，才是实现资源合理配置的最佳方式。由此，我们又可以推出：如果中国银行业市场是完善的，那么银行脆弱性问题也是无须令人担忧的。但是，中国银行业市场存在着诸多障碍，使得市场机制受到扭曲或阻塞，因而不能够有效地发挥其处理不确定性的功能。这无疑是影响中国商业银行体系脆弱性的又一重要因素。这些障碍存在于法治状况、银行的企业融资环境、市场结构等多方面，下面逐一进行论述。

第二节　中国银行业市场的法治环境与商业银行体系脆弱性

一　法治是市场机制发挥作用的先决条件

在《自由宪章》的第一部分“自由的价值”中，哈耶克致力于描述这样一幅图景：以法治为本的政治秩序，具有最高生产效率。法治之所以对生产效率具有至关重要的意义，乃是由于个人从心理上需要某种理性的背景，以实现其效率最大化。哈耶克说：“法律的确定性对于自由社会的平稳运转所具有的重要性，怎么强调都不过分。”阿马蒂亚·森在谈到资本主义经济有效运作时也认为法治是两个必备条件之一：“事实上，资本主义经济的有效运作取决于一个强有力的价值规范体系。要有坚实的法治基础来支持交易涉及的各种权利，要有普遍遵守的行为准则来保证协议的履行。苏联及东欧国家转轨过程中的困境，缺乏这样的法治基础和行为准则是特别重要的原因。”① 同样，法治在中国经济转型过程中也有着重要意义。吴敬琏（2004）② 认为，经过20多年的改革开放，中国从计划经济到市场经济的转轨中获得了长足的进步，但是，由于各类行政机构仍然拥有过多的配置资源的权力，市场体制还没有完全建立起来，而且竞争性市场体制有效运转所必不可少的法治等配套制度在很多方面仍付诸阙如，我国经济体制表现出早期市场经济的缺点：权力资本对竞争的压制和交易行为的扭曲。解决这个问题的关键就在于建立一个法治的市场经济。

二　对中国银行业市场的法治环境考察

完善的法治环境能够有效地保护银行等金融机构的主体产权，有效遏制恶意信用欺诈和逃废债务等行为的发生。正是因为法治程度与银行及企业的行为的确定性或可预期性紧密相关，因此法治环境的好坏自然与银行脆弱性有着必然的重要联系。中国当前银行业所处的法治环境主要存在以下两方面的问题。

---

① ［印度］阿马蒂亚·森：《以自由看待发展》，任赜、于真译，中国人民大学出版社2002年版，序言第11页。

② 吴敬琏：《超越“左”与“右”：建立法治的市场经济》，见吴敬琏、江平主编《洪范评论》第1卷第1辑，中国政法大学出版社，第1—8页。

（一）现行的法律制度存在缺陷，不利于商业银行债权的保护

1. 关于《行政许可法》

2004年7月《中华人民共和国行政许可法》正式实施，它对中国改革的整体环境有着重要的意义。市场化改革并不等于取消政府职能，更不是走向无政府主义。政府仍然需要承担经济调节、市场监管、社会管理与公共服务的职能。而《行政许可法》的实质就是科学地划分政府规制与市场自由竞争的边界问题，尽力促成中国形成“小政府，大市场”。其基本原则是个人自治优先、市场优先、自律机制优先与事后机制优先等，体现了有限政府的基本概念，规定了六种情况下，不能设定行政许可，并明确规定，可以设定行政许可的事项，也并不是都要设定行政许可。凡是公民、法人或其他组织能够自主决定的，市场竞争机制能够有效调节的，行业组织或者中介机构能够自律管理的，行政机关采用事后监督等其他行政管理方式能够解决的，可以不设定行政许可。《行政许可法》无疑对解决由地方政府干预而造成的商业银行的脆弱性问题提供了一个可行的行动方向，但也有一些缺陷和问题阻碍了其积极作用的发挥。表现在：

（1）从立法思想上看，计划经济中“大一统”、“一刀切”式作风在该法的制定上有显现，即该法强制性统一了不同等级、不同层次、不同种类的行政行为。从经济学角度，行政机关的服务可以被看成是公共产品，那么这种法律制定形式就是统一定价，必然不符合实际需求的多样性，无疑会造成许多问题，最终会因为其不适用而导致法律形式主义化。对此种情况，毛寿龙早就指出：“中国的行政审批制度改革往往有激进改革的特色，中央有统一的改革要求和步骤，各地方政府都有统一的改革时间表，改革往往是总量的，而不是针对具体情况的，是运动式改革。运动式改革表面上改革成就很辉煌，但改革的消极效应往往也很大，而积极效应往往得不到发挥，改革容易走回头路，风头一过，各种行政审批制度又重新恢复，甚至越来越多。”①

（2）既得利益集团的抵制和制度之间的联动效应。由于行政许可涉及权利与利益的分配与再分配，必然会引起既得利益集团的抵制，并设法规

① 毛寿龙：《中美行政审批制度及其改革之比较》，《决策咨询》2001年第5期，第18—19页。

避法律的制约。[①] 如行政审批制度改革过程中，一些地方或部门为应付上级的要求，将长期不用或已经过时的审批项目加以削减，或者一边削减审批项目一边不断增设新的审批项目，就是这种阻力的具体体现。同时，从维护社会稳定和实现制度顺利转型的大局考虑，也必须对既得利益格局给予一定的考虑。如何处理好改革的原则与必须支付的代价之间的平衡是非常困难的。

（3）从技术角度来看，还存在一些缺陷。在《行政许可法》制定之前，行政审批与行政许可两个概念应该说是等同的。但在实施之后，这两个概念发生了分离，使行政许可概念的覆盖范围远远小于行政审批概念。这种变化使得大量的事项能够以非行政许可、行政审批或者核准制的名义，安全地游离于《行政许可法》的调整范围之外，使该法的立法目的基本上落空。

2. 关于新《破产法》

破产制度是市场经济制度的基本支柱之一，其要义在于降低债务融资的风险和交易成本，及时对闲置资源进行再配置，从而促进投资、经济增长和就业，对于商业银行资产业务及风险管理都有较大影响。2006 年 8 月 27 日，新《破产法》在十届全国人大常委会第二十三次会议上审议通过，这是中国转型时期的标志性事件。相对于旧《破产法》，该法在内容上有了大幅调整，其中最为突出的是创建了破产管理人、破产企业重整、金融机构破产等制度，调整了破产财产范围及清偿顺序。毫无疑问，这些变动会对商业银行行为有重大影响。它有积极的方面，如在适用范围方面，与 1986 年《破产法》相比新《破产法》的适用范围扩大到了具有法人资格的非国有企业，这是一个非常明显的变化。非国有企业占 GDP 比重 60% 左右，将其包括进破产法适用范围对于企业及银行的资金借贷环境的改善有重要意义。又比如，它新增了对无效资产处置行为的规定，有利于追回被恶意转移的财产。但是，还存在一些问题亟待解决：

（1）适用范围有待扩展和调整。一是，金融机构。新《破产法》第 134 条规定，商业银行、证券公司、保险公司等金融机构的破产，由国务院依据本法和其他有关法律制定实施办法。近年来的情况说明，应当加紧

---

① 周汉华：《行政许可法：困境和出路》，吴敬琏、江平主编《洪范评论》第 2 卷第 2 辑，中国政法大学出版社 2005 年版，第 7 页。

制定实施办法。

二是，自然人。越来越多的自然人因为买房买车等成为金融机构的债务人，在金融机构贷款中所占比重正在迅速增加。如果没有一个针对自然人破产的程序，一旦经济发生波动，则其他法律、法规针对自然人的处罚措施和赔偿要求都可能因为自然人无力或拒绝支付而难以实施，这无疑对银行贷款会造成极大的不稳定。[①]

（2）新《破产法》对担保债权优先地位有一定限制，特别是借款企业拖欠职工的存量债权将对银行信贷资产清收产生消极影响。因为一旦破产，企业向银行贷款的抵押、质押财产优先清偿企业所欠职工工资等劳动债权，这事实上加大了银行信贷损失的可能性。

（3）新《破产法》引入的一些新制度可能会加大银行的财务风险。新破产法引入“管理人”、“重整”、“和解”等制度，破产案件由债务人住所地法院管理。根据这些规定，破产程序开始后，银行的权利主要是审议通过破产财产分配方案，无权干预管理人对企业的管理，如果债权人会议未通过破产财产分配方案，在特定条件下，法院还可以通过裁定，强行进行财产分配。对于最终的重整方案，即使债权人不同意，在满足特定条件时，法院也有权裁定强行通过。由此可见，债权人的权利在新法的重组事项中并没有得到加强，而且，银行的债权也还可能会因为地方保护主义而受损。

（4）破产申请受理时即停止计息将直接影响银行信贷计息系统和受偿数额。

（5）可撤销行为期限的延长使银行清收保全工作风险加大。针对银行贷后清收业务来说，新法将可撤销行为期限由旧法的6个月延长到1年，意味着银行正常收贷行为在后续1年内都有可能因企业申请破产而需退还债务人，银行清收风险增大。

（二）相关法律执行效率低下影响了法治水平

主要原因是执法机关的组织机构设置不合理，通常表现是政出多门，缺乏权威机构，很容易导致大家都来管或大家都不管，互相推诿。下面以对企业行为有重要影响的《行政许可法》和《反垄断法》的执行机构的情

① 张春霖：《对新〈企业破产法〉的若干解读和评论》，载吴敬琏主编《比较》第27辑，中信出版社2006年版，第133—134页。

况为例予以说明。

1.《行政许可法》

行政许可法作为最重要的政府规制手段，对政策实施影响非常大。因此，各国对于规制改革的组织构架非常重视，并形成了单一目的机关、行政改革机关、规制改革机关与外设委员会等四种不同的推进组织体系。相比之下，中国推进政府改革的组织架构呈现多样性的特征，既有非常高层次的国务院特定事项领导小组，也有类似国务院审改办、纠风办这样的非常设专门推进机构，总之，没有一个权威、统一的法律实施机关。最终使得改革推进机构与《行政许可法》的法律实施机构出现分离和二元化，包括法院在内的法律实施机构有权但无法回答实践中的问题。

2.《反垄断法》

中国目前涉及反垄断法的政府机构至少有三。[①] 其一，颁布1993年《反不正当竞争法》的工商局。其二，国家发改委。在某些领域，发改委既是监督机构，又是竞争政策的执法机构。其三，商务部。参与了《反垄断法》的起草，还负责并购活动的反垄断审查。工商部和商务部在提交给国务院反垄断法草案中，都将自身作为反垄断执法机构。最后成立了一个二元结构的设置，即国务院成立反垄断委员会，由不同政府机构的高层组成，负责协调；然后再成立专门的反垄断法执行机构，负责日常执法工作。另外，由于新机构会削弱目前负责反垄断执法与监管的机构的作用，因此引发了不满。为了减少来自这些机构的阻力，反垄断法做出让步，即反垄断法和其他规章制度均涉及的垄断行为，应由根据其他规章制度具有调查权的监管机构进行调查，再由这些机构将结果汇报给反垄断委员会。

机构组织的混乱及多环节的必然结果是法律执行的低效率甚至是无效率，这对于商业银行的债券维护及风险管理会造成多种不利后果：[②] 首先，执行时间长，程序复杂。违约时债权的执行时间过长，往往造成担保物价值降低，对债权人和债务人双方都不利。其次，是执行费用高。商业银行如果通过法律诉讼来保护其债权，除了立案、诉讼保全、执行等环节需要

① 张昕竹：《中国的反垄断法与竞争政策概况》，载吴敬琏主编《比较》第34辑，中信出版社2008年版，第25—27页。

② 许诺金：《论我国金融生态环境问题》，《金融研究》2005年第11期，第31—38页。

先垫付费用外，在安检审判或执行阶段，往往还需要支付鉴定、执行物过户等费用，收费环节多且费率高，导致诉讼费要占到标的物金额的10%—20%，而且常由于债务人无意或无能力偿还，最后很可能变为银行自己负担。再次，抵债资产的收回效果往往比较差。

第三节　中国商业银行的外部企业环境

一　银行外部企业环境对银行经营的影响

企业是银行贷款的主要需求者，也是离商业银行风险管理最近的一环，企业自身的状况如何直接关系着银行资金的安全性及营利性。因此可以说，商业银行的脆弱性问题的直接根源所在就是对其产生信贷需求的企业。

美国经济学家阿尼尔·卡什亚普在分析日本金融危机时认为：断言20世纪90年代初的股价和地价暴跌造成了今日的金融危机并不令人信服。这一解释过于武断，没有说服力。首先，因为日本的银行和政府金融机构目前新发放的贷款仍继续发生损失。其次，对银行（包括保险公司）注资可能并不足以恢复经济增长。银行系统的问题反映了借款人状况的恶化。如果不对基础性的企业问题加以重视，单纯对银行注资以弥补其损失是没有意义的。①

二　中国的企业环境："极化"的二元市场结构

自改革开放以来，中国市场化程度逐步提高以及国有企业经过放权让利、股份制改革等一系列改革举措，使得原来银行不良贷款产生的主要直接原因——银行与国企之间的关系发生了变动。

（一）1993年以前的银企关系

国有企业和国有银行在实质上均属于同一主体——国家。在这种产权残缺的安排下，银行与企业关系会呈现出以下特点：与国有产权制度相适应，银行的经营权、收益权、转让权等都高度集中于国家，银行的金融行为完全由国家安排。在国家政策引导下，银行不得不将大量的资金投入到国有企业中，被动适应企业的资金需求。一旦宏观经济形势逆转或企业自身经营不力

---

① ［美］阿尼尔·卡什亚普：《日本金融危机之剖析》，载吴敬琏主编《比较》第7辑，中信出版社2003年版，第126—146页。

就会导致国有银行坏账产生，从而使整个银行体系的脆弱性增加。

（二）1993 年以后的银企关系与银行体系的脆弱性

1994 年我国商业银行的改革以及随后国企的进一步改革使得商业银行及国企的市场化程度不断提高，独立性有所增强，以后改革力度不断加大，政府直接的干预在减少，作为货币资金的买方与卖方，商业银行和企业双方的选择性日趋强化，这些有利于整个银行体系脆弱性的降低，但是不良贷款仍然大量产生。对此，吴永球等（2006）的研究表明，尽管政府取消了对银行贷款规模的直接控制，改成了对银行的贷款进行窗口指导管理，但在实际操作中，政府对信贷资金的分配仍然有十分强大的控制权。我国信贷资金分配的市场化程度较低，非市场因素在影响信贷资金的分配中仍占主导作用。[①] 本书基本认同这个观点，并且认为这个结果的产生其主要原因仍然在于国有企业。

1999 年，中央实施“抓大放小”战略，即国有经济主要控制关系国民经济命脉的重要行业和关键领域，包括涉及国家安全的行业、自然垄断的行业、提供重要公共产品和服务的行业以及支柱产业和高新技术产业中的重要骨干企业。这样做的结果有两个：

一是增大了整个经济体系的竞争程度。表 5—1 可以间接说明这一点。因为国有及国有控股企业工业增加值占比不断降低，从 2002 年至 2006 年占比从 52. 8% 不断降低至 35. 6% 。原因就是国有成分的经济减少，其他经济成分增加，市场集中度下降。

表 5—1　　规模以上工业增加值中国有及国有控股企业情况

年份	规模以上工业增加值（亿）	国有及国有控股增加值（亿）	比值（%）
2002	31482	16638	52. 8
2003	41045	19408	47. 3
2004	54805	23213	42. 4
2005	66425	26063	39. 2
2006	79752	28396	35. 6

资料来源：据国家统计局历年统计公报相关数据计算。

① 吴永球等：《信贷资金配置的市场化程度分析》，《当代财经科学》2006 年第 3 期，第 78—84 页。

二是使优势资源向国有企业集中，产生了在相关领域中国有企业相对于其他企业的优势地位，类似于一个二元结构。在随后的发展中，这种结构得到了进一步的巩固和强化。尽管国有企业数目不断减少，其控制力却在加强。到 2006 年，中央企业虽然只有 157 家，但拥有下属企业共达 16373 家，销售收入达 82939.7 亿元，增加值 24637.7 亿元，占全国 GDP 比值近 12%。[①] 而且，中央企业[②]控制着关系国民经济命脉的重要行业和关键领域。截至 2006 年年底，中央企业 80% 以上的资产集中在石油、石化、电力、国防、通信、运输、矿业、冶金、机械行业。[③] 2007 年，我国有 22 家内地企业进入世界 500 强，这些大公司大企业集团全部是国有及国有控股企业。

这样，在诸多领域内造成了一个不断“极化”的二元市场结构：一方面是整个市场环境竞争程度的逐渐加强，另一方面是在国有企业保留的领域内由于其资本雄厚、国家支持力度大，使得它们在所处领域的国内市场竞争中处于高高在上的一极，并且在竞争程度加大时，国企还可能凭借种种“先天”及“后天”优势使这种趋势进一步保留甚至加大。即便在不景气时，国有企业也是最先得到政府支持的对象。由于国有企业的这种“超稳定性”，自然就成了商业银行的稀缺资源。

三　“二元”市场结构对银行脆弱性的影响

1. 在国有企业市场优势强的领域中，形成银行贷款集中的强烈趋势

根据上述分析，我们可以直接得出在一个“极化”的二元市场结构中，不论任何情况下国有企业显然都是各商业银行（不论是国有银行，还是其他股份制银行）竭力争取的优质客户，这显然是商业银行在这样的市场环境中的理性选择，无可厚非。并且大家都相信，这样的国有企业想倒都倒不了，事实也基本如此。但是，一旦国内整体宏观经济形势发生逆转或国际经济形势剧烈波动，此时即便是实力雄厚的国有企业也可能因为各种原因不能还贷或不能及时还贷，从而造成银行资金损失。在中国还可能因为中央政府政策变动的原因使得企业经营或投资受损。所以贷款集中会

① 张卓元：《30 年国有企业改革的回顾与展望》，《企业文明》2008 年第 1 期，第 15—18 页。

② 中央企业只是国有企业的一部分，还有地方国有企业。

③ 彭建国：《中国企业改革 30 年回首》，《中国乡镇企业》2008 年第 12 期，第 8—11 页。

使银行资金因宏观风险、政策风险及国家风险等发生损失的概率增加。并非没有人不知道这个简单的道理，然而，在没有发生这一切之前，银行受利益驱动的合理做法就是多贷资金给国企。所以，尽管银监会于2003年10月通过并开始实施《商业银行集团客户授信业务风险管理指引》以避免商业银行风险过度集中，但各商业银行在利益诱使下伙同地方部门违规贷款的案例层出不穷，屡禁不止。从商业银行角度考虑，即便不去考虑诸多个人的机会主义行为，这也是非常可以理解的，因为商业银行自身要赢利，要同其他银行竞争，不可能因为“不知道会什么时候发生的糟糕巨变”就放弃当前好的贷款机会。

此外，应该特别指出两点：一是，1999年国家“抓大放小”战略是造成诸多行业内“极化”二元市场结构关键因素，也是随后银企关系的形成基础；这无疑又一次验证了中国政府的发展战略对于商业银行脆弱性有巨大影响的判断。二是，在这样的借贷关系中，商业银行的利益动机迫使其只注重贷款，而轻视可能会发生的风险，这也验证了中国商业银行脆弱性的被动积累的特性。

2. 在具有二元市场结构的市场中，垄断行业是中国国有经济最集中和控制力最强的领域

垄断企业与银行的紧密关系及垄断者的市场势力，使得银行更加疏于贷款的风险管理，容易引起投资扩张，从而形成银行资金损失的隐患。日本在经济泡沫发生前，其银行在“护航舰队”保护下，风险意识薄弱，大肆扩张信贷。由于20世纪80年代以前，银行贷款投向是由政府主导，即通商产业省决定设备投资优先顺序，由政府系统的金融机构实施融资。这等于暗示有关企业的项目是政府推荐的项目。民间银行对这些项目融资，不必担心贷款倒账。即使发生倒账，政府也会救济，不会出危险。然而结果是日本大量银行倒闭。

四 对此问题的进一步思考

在国内张杰（2004）对此问题的研究比较典型。他举出了国内外两个例子来说明商业银行的外部企业环境对国有商业银行经营的影响，一个是温州的国有商业银行，一个是德国银行。在温州经济中，由于国有成分很低，即便是那里的国有银行也获得了良好的经营绩效。在德国，与其高比例的国有银行资产相对应的是低比例的企业部门的国有成分。由此提示我

们，国有银行制度之所以能够在德国长期存在，固然可以用银行内部的治理结构和政府良好的监管来解释，但更为充分的理由则在于，德国企业部门的低国有化为国有银行提供了一个有效运作的微观经济基础。本书认为，尽管他论述的是国有商业银行，但我们上面已经说明无论是国有银行还是股份制银行都受到同样的利益冲动驱使，因此这两个例子皆可以作为银行外部环境的改善有利于削弱银行脆弱性的实证。最后，再借用张杰的话作为解决此问题的建议："在中国，金融改革的当务之急应当是使经济中的企业部门（尤其是国有企业）更具竞争性，而不是使国有银行更加市场化。"①

第四节　商业银行与金融市场的竞争和银行体系脆弱性

一个非常值得讨论的问题是近年来世界范围内出现了明显的市场力量不断加强的趋势。东欧国家的转型，西欧经济一体化，发展中国家金融市场的迅速发展以及金融市场的全球化极大地改变了各国的金融制度。全球范围内呈现出了明显的由银行主导型金融制度转向市场主导型金融制度的趋势。这一趋势似乎在说明市场主导型金融制度更先进于银行主导型金融制度，是金融制度发展的更高阶段。原因：（1）方兴未艾的全球化进程推动了这一趋势。全球化即不断增加的商品、服务、资本、劳动和知识跨国界流动与整合。跨越国界的资本流动增加了各国对资本市场的依赖。各国经济的开放程度的提高和相互依赖的加深促使各国为吸引国际投资展开竞争，大力发展金融市场是参与国际竞争的必要条件。（2）科技的进步降低了生产、传递和储存信息的成本，促进市场的发展。（3）许多过去由金融中介机构垄断的金融工具已被证券化。许多流动性差的贷款，如固定资产抵押贷款、汽车消费贷款及商业贷款等，现已被用来支持发行在金融市场流通中的证券。这可能会导致银行业竞争加剧，银行就不得不增加资产流动性。

① 张杰：《注资与国有银行改革：一个金融政治经济学的视角》，《经济研究》2004 年第 4 期，第 4—14 页。

默顿认为金融系统具有六个核心功能，分别是：[①]

功能1：金融系统为货物和服务的交易提供支付系统；

功能2：金融系统为从事大规模、技术上不可分的企业提供融资机制；

功能3：金融系统为跨时间、跨地域和跨产业的经济资源转移提供途径；

功能4：金融系统为管理不确定性和控制风险提供手段；

功能5：金融系统提供有助于协调不同经济领域分散决策的价格信息；

功能6：当金融交易的一方拥有信息，而另一方没有信息时，金融系统提供了处理不对称信息和激励问题的方法。

这些金融系统功能相对于金融中介机构来说是稳定的。因为在经济发展过程中金融机构总是由于具体条件会在时间及地域上不断变化。例如许多国家的银行机构是由个人或官方的简单货币保管业务不断变化发展而来，中间过程及其复杂性不尽相同，但其基本的支付及融资功能却没有变化。金融中介机构不断变化的一个重要因素是金融市场。金融中介与市场在充当金融产品的提供者上进行竞争。技术进步和交易成本的持续下降增加了这种竞争的强度。对金融产品创新大量事件的考察表明了这样一个范式：最初由中介提供的金融产品最终走向了市场。这意味着金融中介的重要性正在下降，并正在被金融市场制度性所替代。当产品已具有标准化的条款、能服务于大量的客户并且由于方便交易者确定其价格而被很好地理解时，金融市场就趋向于成为中介的有效制度替代。根据以上原理，本书关注的焦点问题是：金融中介机构在经济发展过程中，能否适应快速变化的形势保持竞争力，就是金融机构脆弱性程度的关键决定因素。例如，美国汇丰等大银行，其赢利业务份额不断从传统的存贷业务转向中间业务就是这种情况下的适应性反应。[②] 而日本在20世纪80年代以来国内经济形势和国际金融形势发生巨大变化的背景下，其限制性金融体系（特别是主银行制度）由于体制僵化，不能及时纠正其固有弊端以适应形势，使银行体系面对变化了的形势具有了极大脆弱性，这是日本后来的泡沫金融及一些大银行倒闭的根本原因。因此，政府金融体制及商业银行战略调整如何

① ［美］默顿（Robert C. Merton）：《金融中介功能观》，载北京奥尔多投资研究中心编《奥尔多投资评论（第一辑）：风险、不确定性与秩序》，中国财政经济出版社2001年版，第166—204页。

② 汇丰银行的中间业务赢利已超过其总赢利40%以上。

适应新的竞争形势是决定很多国家（包括中国）金融脆弱性的重要因素。

金融功能观从金融体系动态发展变化的角度，阐释了金融中介和金融市场两者间相互竞争与替代的演进趋势。在不同的国家，这两种金融资源的配置方式其规模及比例各不相同。在大多数发展中国家中，通过金融中介（特别是银行体系）进行资源配置的方式占主体。如果迫于内外压力，金融改革速度过快，则原有的金融资源配置方式（即旧的金融功能体系）受到破坏，新的方式（新的金融功能体系）又未建立，则此时金融脆弱性就会大大增加，使得国家金融危机爆发的可能性猛然增大。所以，国家如何制定关于金融改革的速度及相关配套措施的制度安排具有非常重要的意义。

第六章　信息透明性担保与中国商业银行脆弱性

信息不对称是银行、保险等金融领域中常见的现象。比如银行与借款人之间的信息不对称就是银行业市场最突出的特征之一，也是银行对众多借款人进行信贷配给和银行业市场失灵的一个重要原因。事实上，银行经营过程中有多种信息不对称，比如董事会与经理，总行与分行，管理层与员工，对于国有银行就更复杂，首先是财政部与汇金公司之间，还有汇金公司与总行之间的关系等。如何解决这些委托—代理关系中的信息不对称问题，对银行来说有重要意义。而信息不对称概念与信息透明度概念有着密切的联系，可以说信息透明度如何是信息不对称产生的重要原因。因而加强信息透明度，则信息不对称的不利影响就小；反之，信息透明度低，信息不对称问题就可能产生较严重的后果。实际上，不少已有研究都表明了银行脆弱性与信息透明度之间具有的重要因果关系。比较典型的如戴蒙德和迪布维格（Diamond and Dybvig，1983）的银行挤兑模型（即D—D模型），斯蒂格利茨和韦斯（Stiglitz and Weiss，1981）的信贷配给模型等。

第一节　信息透明度、主体自由与脆弱性的关系

一　阿马蒂亚·森关于自由及信息透明性担保的概念

（一）自由与透明性担保

在《以自由看待发展》一书中，阿马蒂亚·森从哲学与伦理的高度阐述了一种新的经济发展观：即主体自由是发展的首要目的，同时也是促进发展的不可缺少的重要手段。这里所采用的自由观念涉及确保行动和决策自由的过程，以及人们在给定的个人和社会情况下所享有的机会，阿马蒂亚·森将其称之为实质性自由，它由透明性担保等五项工具性自由构成。

所谓透明性担保，是指人们在社会交往中需要的信用，它取决于交往过程中的公开性、对信息发布及信息准确的保证。从事交易双方总是预期对方在谈判时提供有关交易的准确信息，而且在达成协议后信守承诺。没有这种信用，市场机制无法运作。因为在社会交往中，人们按照一定的假定（或预期），即其他人提供的是什么、自己能得到什么，来处理相互之间的事物。就此而言，社会是在对信用的一定假设的基础上运行的。透明性保证所涉及的，是满足人们对公开性的需要：在保证信息公开和清晰的条件下自由地交易。当这种信用被严重破坏时，很多人——交往的双方以及其他人——的生活可能因为缺乏概念公开性而受到损害。透明性保证（包括知情权）因此构成了工具性自由的一个重要范畴。并且，阿马蒂亚·森认为，这种保证对于防止腐败、财务渎职和私下交易所起的工具性作用是一目了然的。

（二）透明性担保对商业银行脆弱性问题的重要意义

透明性担保与健全的市场机制紧密相连，这涉及市场的基础设施的建设和行为规范的确立。森对亚洲金融危机的分析提供了对此的验证。他认为，金融危机在东亚和东南亚的某些国家的形成，与商业运作缺少透明性，特别是在核查金融和商业的安排上缺乏公众的参与紧密相关。他说："在亚洲金融危机的发生中，透明性自由的作用——或者说缺少透明性自由的后果——是很难被怀疑的。"① 事实上，亚洲国家金融机构及其监管的不透明历来为西方国家所诟病。曾经被视为许多亚洲国家增长之秘诀的政府与工商界的紧密联盟因而受到了攻击，这种联盟关系造成了较低的透明度和可问责性。② 钱（Chang，2000）认为，在亚洲，1997 年的金融危机暴露了亚洲奇迹的另一面。缺乏透明度，监管不力的制度和政治参与程度的局限性都是导致危机的因素。③ 所以，毫无疑问透明性担保在商业运作中对于信用的维持及预期的稳定性具有非常重要的意义。

同时，透明性担保也与政治民主紧密相连。森认为，亚洲金融危机的前导因素是缺少一个有效的民主论坛。可以由民主过程所提供的、向

---

① ［印度］阿马蒂亚·森：《以自由看待发展》，任赜、于真译，第 182 页。

② Sarkar，Rumu. 1998. "*The Legal Implications of Financial Sector Reform in Emerging Capital Markets.*" 13 American University International Law Review 705.

③ Chang，Seung Wha，2000. "*The Role of Law in Economic Development and Adjustment Process: The Case of Korea.*" 34 International Lawyer267.

那些特选的家庭和集团的控制地位进行挑战的机会，本来是可以导致非常不同的结果的。不受挑战的治理权力，轻而易举地转化为对无责任核实、无透明性状况的不加质询的认可，而政府和金融头目之间的家族联系进一步强化这种局面。政府的非民主性质，[①] 对经济危机的产生起到了重大作用。

二　信息透明度、主体自由与银行脆弱性

从概念之间的关系考察：首先，根据本书第一章关于不确定性与银行脆弱性相关概念及其关系的论述，我们知道，就银行脆弱性本质来看，它就是银行主体在不确定性环境中决策及应对措施的一个综合效果；其次，不确定性根源在于世界发展的不断变化和经济主体拥有知识的不完全性，信息透明度的增强显然有助于减少不确定性；再次，在本书第三章中我们说过，经济主体在不确定性环境的选择能力同脆弱性是紧密联系并呈反相关关系，而选择能力很大程度上反映了主体行为的自由程度。所以主体的自由（包括行动自由和信息自由等方面）有助于降低脆弱性。

综上所述，三者之间的联系可以表达如下（见图6—1）：

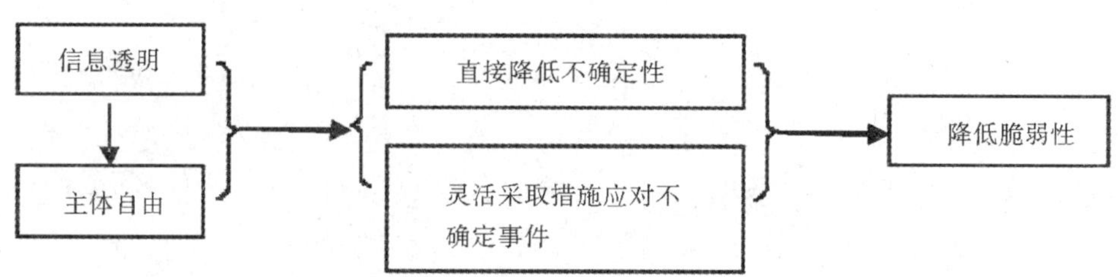

图6—1　信息透明、主体自由与银行脆弱性

简而言之，银行的信息透明有利于市场传递及处理巨量分散的信息，降低主体预期的不确定性；自由能力使主体能够采取有效措施应对不确定性，而信息透明又能增强主体的自由能力，最终银行脆弱性能够被降低。在此模型中由于两点原因，信息透明性担保在解释银行脆弱性机制中处于核心地位。

---

① 可以理解为政府过度干预经济以及交易信息的不透明。

（一）透明性担保不仅与市场机制紧密相连，同时透明性担保也与政治民主紧密相连

这涉及市场的基础设施的建设和行为规范的确立以及信用环境。

（二）透明性担保是主体自由增加的必备条件

而我国商业银行领域中大量问题是由于信用缺失造成的。同时，森提出了不同于政府监管及市场约束手段的第三种加强企业经营透明性的方法，即社会民主的监督。在国外，非政府组织（包括各种行业协会等）以及新闻媒体等对于企业的经营行为有较强的约束力，如美国安然公司因丑闻倒闭事件。这对于我国加强银行业的透明性是具有借鉴意义的。

第二节　中国商业银行公司治理结构与信息透明度

一　信息透明度与商业银行公司治理

（一）一般公司治理与信息透明度之间的关系

通常来讲，公司治理就是对企业所有权（即企业控制权和剩余索取权）的管理，也就是关于责、权、利如何分配的问题。公司治理源于所有权和经营权的分离产生的代理问题，尽管公司治理有多种定义以及代理问题所涉及的范围也不仅限于股东和经理（或管理层）之间关系，比如还包括大股东和小股东，以及董事会和经理层之间，但委托—代理问题无疑是公司治理的核心问题。而委托—代理理论就是研究如何减少双方之间的信息不对称，也就是信息透明度问题。所以，信息透明度是公司治理问题的核心。信息透明度原则要求公司具备良好的信息披露制度，强有力的信息披露制度有助于公司吸引资金，维持对资本市场的信心；良好的公司治理要求信息披露中采用高质量会计标准——国际会计准则，提高国家之间信息的可比性；良好的公司治理机构要求可靠的信息审计，以确保信息披露的真实性和准确性。

（二）商业银行公司治理与信息透明度

商业银行公司治理是公司治理在银行领域中的反映或应用。因此，信息透明度也是银行公司治理的核心。有所不同的是，银行相对于一般公司企业可能具有更加复杂的委托—代理关系，所以其信息披露要求在本质上要高于一般公司；另外，由于其可能产生的重大的负外部性，使得政府介入对其实施监管。因此商业银行公司治理问题更显特殊性及复杂性。所

以，对于商业银行的公司治理问题而言，银行独特的合约性质不仅要求我们考虑商业银行与存款人和股东等利益相关者之间利益博弈，而且还要考虑商业银行与宏观经济稳定和金融体系安全之间的互动关系。

银行公司治理中的信息透明度对银行经营行为有重要影响：

1. 信息透明度增强有助于降低银行经营成本，并促使其保持谨慎经营的行为方式

《巴塞尔新资本协议》中银行监管框架的三大支柱之一的市场约束实际上可以看做是银行公司治理的利益相关者模式，其中信息透明是通过信息披露机制来保证的。从监管操作角度看，市场约束的具体表现形式之一就是强化信息的披露。在市场化环境中，市场约束的运作机制主要依靠利益相关者的利益驱动，各利益相关者（包括存款人、债权人、银行股东等）出于对自身利益的关注，会在不同程度上关注银行的经营情况，并根据自身掌握的信息和对于这些信息的判断，从而在必要时采取一定的措施。这必然会影响到银行的经营成本和市场竞争能力。因为在竞争的市场中，经营稳健、业绩好的银行比那些风险程度高的银行更能够以较低成本取得资金，而后者则要为资金的获得支付较高的风险溢价。

总之，市场竞争及其优胜劣汰的奖惩机制会迫使银行谨慎经营。市场约束能够起作用，除了要有较为完善的市场机制外，还必然要求建立银行信息披露机制。《巴塞尔新资本协议》规定信息披露包括核心信息和附加信息的披露两种情况：① 那些活跃的大银行，每个季度都要进行一次信息披露，而对于市场风险，在每次重大事件发生后都要进行披露。对于一般银行，要求每半年进行一次信息披露。

2. 信息透明度提高有助于良好预期的形成

世界银行、国际货币基金组织及国际清算银行、OECD 等国际机构都认为，金融部门的公司治理已经成为金融稳定的一个重要因素。尤其在仍需要进一步加强法律和监管基础建设的转轨经济中，公司治理在以下几方面发挥着重要作用：② 有助于建立公众对金融体系的信任，确保银行存款者相信他们的资金委托给了有能力和诚实的管理者。较差的公司治理会破

① 巴曙松：《巴塞尔新资本协议研究》，中国金融出版社 2003 年版，第 170 页。

② 中国人民银行金融稳定局编译：《金融部门评估手册》，中国金融出版社 2007 年版，第 235 页。

坏客户对银行和金融机构的信任、阻碍潜在的客户。信息披露和透明度在很大程度上决定了公司治理的优劣。目前，普遍被各国接受的OECD公司治理六大原则[①]中，就明确提出信息披露和透明度原则。它由六条核心原则组成，反映了应披露的重大信息的类型，强调在准备会计报表和年审时应选用高质量的会计和披露标准、确保外部审计的可信度以及建立有效的交流渠道。这些原则强调来自金融分析员、经济商、评级机构等的分析和建议的重要性，因为这些机构与公司没有重大利益冲突，不会因此影响其分析和建议的独立性和可信度。

二 中国商业银行公司治理中信息透明度的不足

商业银行信息透明度的高低在于其信息披露机制的运作是否规范，这直接决定了银行公开信息的准确性和及时性。具体到我国商业银行信息披露的状况，存在着以下几方面实际问题。

（一）信息披露内容真实性不够

1. 资本充足率高估

按照巴塞尔委员会《新资本协议》的有关要求，当资本损失准备与特定资产减值无关时，方可作为附属资本计算资本充足率。目前，我国部分商业银行公布的资本金内容中，仅仅计提一般准备，没有对特定贷款提取损失准备，提取的一般准备用于核销资产损失，而在计算资本充足率时，则将计提的一般损失准备作为附属资本进行处理，实质上高估了资本充足率指标。

2. 资产减值准备提取不足

从监管部门的检查中发现，各上市银行均不同程度地通过缩小计提范围、高估资产市值、随意调整计提比例等手段少提或不提损失准备，而其他非上市商业银行在提取贷款损失准备等方面还没真正到位。这样的话，不能如实反映各类资产的实有价值。

（二）信息披露内容不够充分

1. 会计报表附注过于简单

我国商业银行的报表附注内容过于简单，主要是一些会计政策方面的

① 其余5部分是有效公司治理框架的基础、股东权利和所有权的核心功能、平等对待股东、利益相关者在公司治理中的作用及董事会的职责。

说明，在利润表、资产负债表上重要项目的明细资料、资本充足率、资产质量等重要数据都少有提及，不足以让使用者了解商业银行的基本情况，直接影响了信息披露的质量。

2. 风险信息披露不足

从目前国内商业银行披露的信息来看，普遍没有联系本行实际业务情况深入分析各项风险的形成因素，更没有进一步深入探讨各类风险可能对本行业务造成的影响，而是流于泛泛的列举风险管理策略。披露中缺乏定量的分析方法，各商业银行的信息披露大多以定性分析方法为主。对操作风险还处于初步认识阶段，对操作风险还未形成一套全面的防范体系，基本上没有相应的披露内容。

3. 对金融衍生工具披露不充分

金融衍生工具在为基础金融工具提供有效的对冲风险手段的同时，也蕴涵着巨大风险。目前，商业银行对金融衍生工具披露不充分、不确切、不明晰的现象较为普遍，难以反映商业银行因此可能承受的风险和损失。事实上，随着银行业务扩展及金融市场的进一步发展，金融衍生工具在不少国家已经成为危机爆发的主要隐患，美国金融危机就是一个最近的例子。国际清算银行在《有效银行监管核心原则》中也特别指出：在金融市场，银行的不透明性主要来源于两个方面：一是由于银行组合风险难以被市场识别；二是日益增长的衍生金融工具使银行对缺乏金融专业知识的公众更加不透明。

4. 缺乏非财务信息的披露

商业银行的管理信息、预测性（前瞻性）信息、背景信息等非财务信息与商业银行经营业务活动密切相关，投资者十分关注。目前，国内商业银行尤其是四大国有商业银行在这方面的披露内容在逐步增多，但还不够充分。

5. 缺乏对社会责任信息的披露

披露商业银行在保护资源和环境、助学和赈灾等公益性捐赠、缴纳各种保险统筹等方面所做的工作，有助于提高商业银行的社会认同感，从而促进业务的更好发展。国内商业银行承担了大量的社会责任，为社会做了大量公益性工作，但在年度报告中却很少涉及社会责任方面的内容。

（三）披露的时间不及时

中国大部分商业银行只是在每年年终向外界披露一次年报，而对于年中发生的一些重大事件，如高级管理人员的变动、重大经营管理决策、重大资产风险损失、重大诉讼案件以及突发性事件等，均没有及时向社会公众披露。而上文中，我们已经看到《巴塞尔新资本协议》中的规定是：对于活跃的大银行，每个季度要进行一次信息披露，而对于市场风险，在每次重大事件发生后都要进行披露；即使对于一般银行，也要求每半年进行一次信息披露。显然，国内大多数银行离此标准相差甚远。

第三节　监管机构行为与银行信息透明度

信息透明度之所以对监管是至关重要的，是因为它通常与监督力度紧密相关，正因为在信息透明的地方，不论是监管者还是被监管者，其机会主义行为都将受到极大约束。诸多事实也说明了这一点。1997 年的亚洲金融危机暴露了亚洲奇迹的另一面：缺乏透明度，监管不力的制度和政治参与程度的局限性都是导致危机的重要因素。①

一　政府介入银行监管的必要性

一般而言，银行监管是一国政府或其代理机构对金融机构实施的各种监督和管理，包括对银行市场准入、业务范围、市场退出等方面的限制性规定，对商业银行内部组织结构、风险管理和控制等方面的合规性、达标性的要求，以及一系列相关的立法和执法体系及过程。银行监管的实质是对市场的补充，其目的在于确保市场机制的正常运转，为整个银行体系及金融市场营造一个公平竞争的环境，维护国家金融体系的稳定性。

按照经典的监管理论，银行等金融机构不适合于采用一般工商企业自由竞争的原则。这是因为：首先，银行规模经济的特点使金融机构的自由竞争最终将发展到高度的集中垄断，这种集中垄断不仅使金融效率和消费者福利受到损失，而且将产生政治上的不利影响。其次，自由竞争的结果是优胜劣汰，而金融机构的竞争过于激烈将会导致整个金融体系的不稳定。对金融机构而言，竞争和稳定之间有明显的替代性。再次，信息不对称和不确定性。在不确定性研究基础上发展起来的信息经济学表明，信息

---

① Sarkar, Rumu. 1998. "*The Legal Implications of Financial Sector Reform in Emerging Capital Markets.*" 13 American University International Law Review 705.

的不完备和不对称是市场经济不能自行顺利运转的重要原因之一。即便金融机构主观上愿意稳健经营，但由于金融体系中存在信息不对称，也会导致金融机构随时可能因为信息问题而陷入困境。搜集和处理信息的高昂成本对于金融机构来说，也需要政府采取措施解决信息的不完备及不对称问题。

二　信息透明与政府监管的有效性

监管的有效性一般是指监管当局的监管行为是否有效果以及监管效率高低如何。信息是否透明是决定监管效率及效果的关键，信息不足常常会产生监管的高成本和低效率。当前，监管有效性理论着重研究资本监管究竟在多大程度上对抑制银行的风险行为有效。当资本监管与不同的审慎监管（如银行风险资产评估的内外模型就有较大差别）安排相结合，通常会得出不同的有效性的结论。但不论如何安排，有效银行监管的前提条件之一是基于透明度和信息披露的有效市场纪律。就这一点来说，银行业的外部监管同银行公司治理是相同的，即信息透明度和信息披露同样是极为重要的。

三　中国银行监管的信息不透明

2003 年我国银行业新的监管体制形成后，银监会提出并确立了“管法人、管风险、管内控和提高透明度”的四项监管理念，可见对透明度的关注要点。但银行监管机构手段较为简单，监管重点仍然放在机构审批和经营的合规性方面。

（一）银行信息不透明导致监管部门的监管不当，使商业银行经营成本增加，效率受损

根据银行的监管成本理论，[①] 在监管过程中，监管者的监管行为对被监管者会产生两种成本：一是守法成本，即被监管者为遵守被监管条例而耗费的资源；二是监管产生的间接效率损失，即由于监管，被监管者改变了原来的行为方式而导致的福利损失。这两种情况，对于中国的商业银行

① 关于银行监管的成本理论更详细的解说可参见陈雨露、汪昌云主编《金融文献通论（宏观金融卷）》，中国人民大学出版社 2006 年版，第 587—588 页。

来说，应该是非常好理解的。下面，我们结合一个案例[①]进行解说。

由于房地产开发贷款风险增大，深圳银监局从2008年年初开始，就每月召开例会，同时在8月份陆续进行个贷和开发贷压力测试，其目的是防范风险，但造成的结果却是：一方面，各银行疲于应付，焦头烂额，增加了银行人力、物力的消耗，从而增大了营运成本。正如一家银行的风险控制部门主管所说："仅仅是个贷的压力测试，我们就忙了个把月。再同时做开发贷压力测试，根本无法完成。"这是大部分银行所遇到的共同问题。另一方面，银监局力推的压力测试本身就可能是无效率的。原因如下：

（1）一些商业银行在一开始就对监管部门的压力测试体系提出质疑，认为该体系过于简单，有些前提假设根本就不成立，会影响到动态结果的科学性。

（2）银行资深人士指出进行压力测试的时机不对，目前的关键不是做压力测试，而首先应从基础的风险控制手段完善做起。

（3）银监会的压力测试得出的大指标，是监管层关注的，并用来指导政策的；而各家商业银行要的是小指标，是关系业务层面的。这就造成最后出台的政策可能和实际情况不符。另外，深圳关内下降10%相当于关外下降20%。而深圳各行政区的楼盘风险也不同，同一行政区不同时点开发的楼盘，其风险也不同。还有，开发豪宅的和开发一般住房的，风险也不一样。而一般住房又可根据借款人的行业属性、学历属性、年龄属性等分类，其风险结果也不一样。面对如此复杂情况，指标的同一化显然不能说明实际问题。

（4）压力测试指标体系过于简单，适用性存在问题。银监会的压力测试引入房价下跌、利率上升两大前提因素。其中，房价下跌分为10%、20%、30%三个区间，利率上升分为54个基点、108个基点、162个基点三个区间。即房价下跌10%、利率上升54个基点内的为轻度风险；房价下跌20%、利率上升108个基点内的为中度风险；房价下跌30%、利率上升162个基点内的为高度风险，进而对每个区间的风险占比进行测算。此举的不科学在于指标过于机械化，往往与事实不相符。

---

① 本案例来源于贾玉宝《不良率警报：深圳开发贷高于个贷》，载《21世纪经济报道》2008年9月18日第2版中相关资料。

通过上述案例表明，虽然监管部门付出了较大的努力，但效果很不理想，这和监管部门信息不透明有很大关系。因为被监管银行在它们的业务范围内比监管者有更多的经验，作为内部人，这些银行的管理者更知道怎样才能以最低成本达到监管当局的目标，但是在行政命令方式下，监管当局并没有给银行管理者机会进行信息沟通，共同磋商以找出执行监管成本更低的方法。在此情况下，复杂的监管方案是难于执行的，而对于监管部门来说，按照行政监管条例行动比实际监管活动要求更为简单易行，其结果是形成“一刀切”的规则，这种规则对于某些被监管银行过于严格，负担过重，而对另一些银行则过于宽松，总体来看，对整个银行体系的监管处于低效甚至无效状态。因此，最终结果难以达到监管目标，从而使监管效果大打折扣，银行潜在风险因素并没有得到根本改善。事实上，虽然中国已经根据《巴塞尔新资本协议》采用了标准化监管模式，但真正的标准化的持续银行监管体系尚未建立，行政命令式的监管色彩仍然相当浓厚，在很多方面的监管还不够规范和透明。比如现场检查以专项检查为主，尚未实现制度化，缺乏计划性、连续性；非现场监管职能分散在各专业处室，日常工作主要是搜集数据和监管分析，专业性不强，风险分析不具有代表性等。这些都对银行的经营和风险的有效防范造成了不利的影响。

（二）监管部门之间信息不透明与“有组织的不负责任”

1. 监管部门之间的信息不透明

中国官方的银行监管机构除了银监会之外，中国人民银行、财政部、国家发展与改革委员会等部门也分别根据不同的职责分工，从不同角度对商业银行相关政策及组织机构等加以干预。另外，还有地方政府金融工作办公室，它除了向地方政府提交区内金融产业发展规划，提出金融发展方面政策建议，协助中资、外资及外地金融机构在区内健康发展之外，它的另一项重要职能是“主动协调中央监管部门，完善相应监管制度，建立金融风险预警系统，提高金融风险意识和防范能力”。

在实际的监管过程中，由于各个部门之间缺乏沟通协调，信息不透明，存在诸多监管漏洞，无法形成系统性监管。这种信息传导机制阻塞的多头监管模式加剧了各部门在涉及宏观经济调控方面的货币政策制定、银行业改革、股权分置改革、人民币汇率改革、金融机构的审批和管理以及资产证券化、短期融资券、国际开发性金融机构发行人民币计值的债券等金融品种的开发等大大小小问题上的分歧和争议，增加了政策协调的复杂性，使银行经营的不确定性大大增强。李扬将此归纳为三个方面:[①] 第一是多头监管，造成监管过度；第二是监管真空，有一些该监管的事情没有人管；第三是监管冲突，各个部门监管理念不同，出发点不同，想解决的问题不同，依据的法规不同，常常使得机构和市场无所适从。

可见，由于多个监管部门都有权对商业银行进行干预，缺乏一个真正权威的监管机构，从而形成多头监管，政出多门，信息庞杂难以保证其应有的透明度。

2. 监管部门责任分担主体的缺失与有组织的不负责任（organised irresponsibility）

贝克的风险社会理论强调了风险治理过程中责任分担的重要性。[②] 他认为由于社会多元化的发展，不确定性大大增加使得传统应对未来风险的方法已不适用，他提出了新的治理方式，即秩序重建治理方式。从风险的角度看，治理所要达到的秩序目标可以具体化为三个：选择风险、分担风险以及规避和减小风险。在这三个具体目标中，分担风险最为关键，因为风险是客观存在的，只有解决了由哪些社会群体来共同分担风险，分担哪些风险以及分担多少风险才能在治理过程中划分清楚各个利益相关者的权利和职责，并建立有效的激励与惩罚机制，使各方在应对风险中找到自己的位置，然后才能考虑另外两个目标。在贝克的分析中，他用一个重要概念，即“有组织的不负责任”（organised irresponsibility）[③] 来描述责任分担主体的缺失。贝克认为公司、政策制定者和专家结成的联盟制造了当代社会中的危险，然后又建立一套话语来推卸责任。这样一来，他们就把自己制造的危险转化为某种“风险”，并利用法律和科学掩盖其产生的原因，直到更大后果产生。

而中国的监管部门在机构和功能上有重叠，相互之间牵连复杂，信息透明度低下，显然难以达到责任主体清晰的要求，这样的一个直接后果就是监管过程中的责任推诿，即有组织的不负责任。周小川（2004）论述了

① 李扬：《加强金融监管的协调》，《金融论坛》2007 年第 9 期。

② 杨雪冬等：《风险社会与秩序重建》，第 46—48 页。

③ ［德］乌尔里希·贝克：《世界风险社会》，吴英姿、孙淑敏译，南京大学出版社 2004 年版，第 191 页。

金融市场特别是银行人员的责任推诿现象,① 造成了基层信贷业务的收缩。而监管部门的责任推诿，则会在商业银行发生重大金融事件时，造成风险处置不及时等问题。总之，责任分担主体的缺失以及“有组织的不负责任”，实际上可以用来解释当前银行监管模式在银行风险监管中面临的困境，即在信息透明度难以保证的情况下，监管机构面对银行可能出现的多种风险因素，难以承担起事前预防和事后解决的责任。

第四节 专业化服务组织与银行信息透明度

一般来说，证券投资机构、律师事务所、会计师事务所以及新闻媒体等中介组织的发展，有利于提高公司的透明度。这是因为中介组织往往更关注本地公司，有更大的信息需求，这将迫使上市公司提高信息披露透明度，中介组织的专家可以从私有渠道收集信息，揭露上市公司的一些内部信息，加快信息的传播速度，帮助投资者更加准确地理解披露的信息，减少上市公司报告虚假信息行为。因此，各类专业化服务组织的发展水平对银行信息透明度也是有影响的。

一 金融服务中介组织与银行信息透明度

因为信息不对称，一般的单个客户很难避免由于代理人的无能力、过失和欺诈给自己造成的损害，需要专业中介组织的介入。这里的中介是指广义的金融中介机构，包括信用评级机构、会计师事务所、法律事务所、研究咨询机构等各类市场中介机构，它们是外界获得商业银行信息的重要来源。然而，中国中介组织的信息揭示及传递功能非常有限，可能主要原因在于以下两点：

（一）中介组织的市场力量影响过小，监督作用缺乏

目前我国这些市场中介机构没有得到良好的发展，最主要的原因在于这些机构的作用没有得到应有的承认和重视，没有被当做市场运行的一个必要组成部分。在相当长一段时间被当做可有可无的，没有加以扶持和进行规范化引导。因而，这些机构的业务量都很小，甚至极不稳定，也难以

① 周小川：《金融市场中的分工和责任推诿现象》，载吴敬琏主编《比较》第13辑，中信出版社2004年版，第1—13页。

发展出若干个上规模、成品牌的机构，不能构成一股影响市场运行的重要力量。这一点在中国会计师事务所的发展历程中非常明显。

（二）中介组织独立性不足致使信息失真

财务会计信息对于商业银行各类利益相关者（股东、债权人等）有效行使公司治理权力、投资决策是至关重要的。有关研究表明，[①] 会计标准简单化了不同公司的信息解释性和可比性，将能促进财务合约的订立。进一步说，当利用有效的会计标准时，利用会计手段订立的财务合约引发的特殊行为能更有用。因此，各国政府对会计标准的统一及推广实行了严格的管制。但是要将专业化、复杂的标准转换成公众能够理解的信息，其关键在于会计师事务所的行为。

会计师事务所缺乏独立性造成信息虚假，无论是对于银行还是一般性企业，其结果都是糟糕的。最生动的例子是美国“安然事件”中，曾为世界五大会计师事务所之一的安达信由于在安然公司中有较大利益，所以帮助安然公司制造虚假信息，最终和安然公司一样以倒闭收场。2002 年 4 月，美国国会通过了萨班尼斯—奥克斯利（Sarbanes-Oxley）法案，旨在纠正安然事件所揭示的公司治理及中介机构问题。其中，一条重要的规定是：会计公司必须将其咨询业务分离出去，以保证其独立性。相对于美国，我国的法治和市场环境都还很不健全，因此其独立性更难以得到保障。我国已经实行会计新标准，但会计师事务所在与银行经济来往时仍处于被动，国家虽指定具体会计师事务所对银行上市或其他经营项目进行审查，但会计师事务所的工作费用由被审查对象支付，所以谈判的主动权还在于被审查对象。再加上由法律不完善导致的灰色交易，其结果可想而知。因此，商业银行相关资料必然存在“报喜不报忧”的现象，这里面除了正常的财务调整外，还常常要进行所谓的“技术调整”，其结果是信息的不真实。

二　媒体参与度有限与银行信息透明度

作为公共信息传播的主要渠道，大众媒体的存在使公民获得相关的信息来监督政府、企业，以维护社会基本利益。在国外，媒体被看做独立于

---

① ［美］阿斯力·德米尔古克肯特、罗斯·莱文（Asli Demirguc-Kunt and Ross Levine）：《银行主导型和市场主导型金融系统：跨国比较》，载北京奥尔多投资研究中心主编《奥尔多投资评论（第二辑）：金融系统演变考》，中国财政经济出版社 2002 年版，第 57—107 页。

立法、行政和司法之外的“第四权”。健康的媒体可以改善和扩大社会的信息传播，对于约束政府、增进社会福利、解决市场失灵具有重要作用。

在现代经济和社会中，信息的获得对于公民和消费者能否更好地做出决策来讲是至关重要的。在经济领域，包括在金融市场中，消费者和投资者需要信息以选择产品和证券。媒体对信息的供应还可以在两个方面促进经济体系的运作：[①] 第一方面源自于政治领域的进步。当公民能够获得更多的资讯时，他们可以通过政治行动，更有效地约束政府可能损害他们的经济利益，如防止政府没收私人财产或者对商业过度监管。媒体第二方面的贡献是提供信息来发展市场，这个作用在对信息特别敏感的金融市场上尤其明显。这些市场的信息传播得更好，将有助于更好地进行证券定价，揭露公司内部人员滥用权力的可能，并由此促进金融业的发展。显然，发达的媒体对宏观的社会经济环境以及个人信息获得性等方面是有力促进，从而促进金融市场以及银行的健康发展。为此，亚历山大·迪克和路易吉·津加莱斯进行研究，表明媒体至少在三个方面会积极影响公司治理：[②] 第一，推动公司法律的制定和实施；第二，影响经理人的声誉以及未来的报酬；第三，涉及经理人和企业在社会大众心目中的声誉。通过这些机制，媒体不仅能帮助企业激励经理人对经营价值最大化的追求，而且还要求企业的行为要符合社会规范。显然，这一点对于银行的经营同样适用。

总的来说，媒体对于银行业的积极方面是：第一，提供有关银行及市场信息，降低公众的信息搜寻及参与金融服务的成本，有利于他们进行各项决策，也有利于银行产品的推广及市场份额的扩大；第二，发达的媒体信息披露，能够有效约束银行行为，避免其对公众利益的侵犯，促使其改善公司治理。

但是，媒体要发挥上述积极作用也并非没有限制，它本身还要受到多种因素的影响。比如媒体租金、政府权力以及媒体的话语霸权和公共产品性质之间的矛盾等。西蒙·德杨可夫（Simeon Djankov）等人的研究表明，总的来看影响媒体监督的不利因素包括：媒体国有化与较低的新闻自由程

---

① Simeon Djankov、Caralee McLiesh、Tatiana Nenova、Andrei Shleifer，2001. “Who Owns the Media?” Harvard Institute of Economic Research Working Papers 1919，Harvard-Institute of Economic Research.

② ［美］亚历山大·迪克、路易吉·津加莱斯：《媒体对公司治理的作用》，载吴敬琏主编《比较》第12辑，中信出版社2004年版，第87—98页。

度、较少的政治经济权利，以及其他不良的社会效应有关[1]。

随着市场经济的改革深化，中国媒体对公司治理的影响作用已经开始显现，并且越来越重要，比如蓝田造假案的披露、基金黑幕的揭露等都引起了对大公司的关注。但相比于国外，中国媒体由于受到管制偏多及自身水平影响等原因，因此对于银行信息披露的深度及专业性、对于银行的市场约束力等方面都远远不及国外，还没有起到应有的作用。

三 公民社会、信用环境与银行脆弱性

我们在本章一开始就指出，社会是在对信用的一定假设的基础上运行的，而透明性保证所涉及的，是满足人们对公开性的需要，即在保证信息公开和清晰的条件下自由地交易。一言以蔽之，信息透明的目的在于提供一个好的信用环境，从而使人们交易预期得以稳定；反之，一个差的信用环境将导致预期的不稳定，在这样的情况下，银行经营所面临的不确定性因素大大增加，从而脆弱性程度加剧。

（一）公民社会的概念

除了金融服务中介组织和大众传媒等那些直接影响到银行经营的专业化社会服务组织之外，中国现代社会还存在其他多种地方性或行业性社会组织对经济及金融的发展起着直接或间接的作用，如各类专业协会、研究机构及城市或农村合作性组织等，即所谓的公民社会。

在中国，俞可平关于公民社会的定义被广泛认同。他认为,[2] 公民社会是国家或政府系统，以及市场或企业系统之外的所有民间组织或民间关系的总和，它是官方政治领域和市场经济领域之外的民间公共领域。公民社会的组成要素是各种非政府和非企业的公民组织，包括公民的维权组织、各种行业协会、民间的公益组织、社区组织、利益团体、同人团体、[3]互助组织、兴趣组织和公民的某种自发组合，等等。由于它既不属于政府部门（第一部门），又不属于市场系统（第二部门），所以人们也把它们

---

① Simeon Djankov、Caralee McLiesh、Tatiana Nenova、Andrei Shleifer, 2001. "Who Owns the Media?" Harvard Institute of Economic Research Working Papers 1919, Harvard-Institute of Economic Research.

② 俞可平:《中国公民社会：概念、分类与制度环境》,《中国社会科学》2006 年第 1 期，第 109—122 页。

③ 即建立在共同的经历、兴趣、爱好之上的公民组织，如各种各样的同学会、同乡会、俱乐部、诗社、剧社等。

看做是介于政府与企业之间的“第三部门”（the third sector）。

自20世纪80年代起，大量民间的、非营利的或非政府组织（即第三部门）开始在世界各地建立。非营利组织的兴起，源自于公民个人、政府以外各种机构以及政府本身的一系列压力。它反映了众多独特的社会和技术变化，以及积蓄已久的对国家能力的信心危机。中国政府对公民社会的态度经历了一个由严格控制到逐渐放松的过程，国家已经意识到非营利组织的规模和重要性将不断增长，各种非营利组织的增加实际是社会利益逐步多元化的反映。近年来党和政府提出科学发展观，做出构建社会主义和谐社会和建设创新型国家等战略决策，对公民社会的研究也被列为中国公共管理理论研究的重点领域和主题之一。[①] 而其公民社会决不仅仅是一个社会学或政治学概念，吴敬琏（2005）、俞可平（2005、2006、2007）、何增科（2005）等研究都表明，公民社会是现代市场经济架构中的一个重要环节。本书认为公民社会对于银行经营及发展更重要的影响在于其对银行信用环境建构的影响，尽管这种影响不是直接的，但并非不重要。

（二）不良信用环境与银行脆弱性

不良的信用环境是阻碍经济交往发生的一个重要原因，由于对交易对手信用把握不足，即正常收益的预期不乐观，且难以确定。所以整个社会的交易成交量大大减小，即使达成交易也会设置保证条件。例如，银行贷款必须提供担保和抵押，使交易成本大幅上升，在一定程度上严重制约了社会经济的发展和效益提高。不良信用环境对于银行脆弱性的影响，可以具体表现为以下三方面：

（1）从政府信用来看，由于一些地方政府违规为企业担保，虚假承诺，虚假注资，故意拖欠债务，甚至支持和帮助企业逃废债务，给银行资产造成了巨大的风险和损失。

（2）从市场信用来看，由于信用不足或失信，导致市场信号严重扭曲，破坏了财政、货币政策传导机制，使财政货币政策的实施效果大打折扣，增加了经济运行的不确定性，动摇投资者和消费者信心，影响到整个经济结构的优化与调整，从而也不利于银行合理配置与优化资产负债结构。另外，由于企业缺乏信用，一是导致企业债务不断积累，债务链不断

---

① 陈振明、薛澜：《中国公共管理理论研究的重点领域和主题》，《中国社会科学》2007年第3期，第140—153页。

延长，从而加剧债务危机，也为金融危机埋下了隐患。二是恶化了企业融资环境，拖累守信企业的正常经营，银行从“三性”出发，争相将信贷集中投放到少数企业，垒大户，忽视中小企业和新建企业的融资，造成中小企业普遍融资困难。而且由于贷款过于集中，又加大了信贷供给与需求结构的失衡。

（3）从个人信用来看，由于缺乏比较完善的个人征信体系，银行难以对个人信用作出客观公正的评价，一方面，限制了个人消费信用的持续快速健康发展，影响了银行赢利；另一方面，少数人利用信用信息、管理方面的不足，重复抵押套取个人消费贷款，利用信用卡恶意透支银行信用，给银行带来重大损失。

（三）公民社会、信息透明与银行信用环境

国家、市场和公民社会构成了一个国家的公共治理的基本支柱，公民社会介于国家与市场之间。而建立市场经济，或和谐社会，本身就是一个社会治理问题。公民社会对于银行信用环境的影响在于它能够增加整个经济体系的信息透明度，从而有助于解决信息不对称和有效监督的难题。而这两个问题无疑对中国银行脆弱性有重要影响。

首先，信息不对称问题是不守信者能够生存延续的一个重要原因。目前，在社会经济活动中，人们交往前往往不可能掌握对方所有的情况，特别是对其商业交往中是否守信很难获得相关资料，从而容易造成判断失误或者受到欺骗，给不良信用者以可乘之机。而公民社会能够与各类金融服务中介、传播媒介一道进行信息沟通，降低公众的社会参与成本，提高公众的自组织能力，对不良市场交易行为予以揭露和抵制，从而提高个人及市场的自律水平，降低各类机会主义行为的发生几率。

其次，公民社会的发展能够激励政府透明度的提高。政府透明度是推断政府诚信程度的一个重要标准。适度公开、充分信息披露的政府活动有益于金融部门及金融活动形成理性预期。从当今国际金融监管领域对于金融机构信息披露的重视上，我们可以看出透明度在金融系统稳健运行中的重要性。对于金融体系中诸多经济主体而言，地方政府的透明度不仅是公共政策信号传递机制的工作特征，也是政府诚信意愿的真实表现。缺乏必要信息披露的地方政府，往往是容易失信的政府，其行为对金融系统的影响是不确定的，因而不利于金融系统的稳定。对于中国来说，财政透明尤为重要，本书已经在第二章指出财政政策的扭曲是中国商业银行脆弱性的根源，而信息透明有助于约束政府不当行为。以往的研究及经验也表明了这一点，正如阿马蒂亚·森所说："不受挑战的治理权力，能够轻而易举地转化为对无责任核实、无透明性状况的不加质询的认可。"[①] 而美国大法官路易斯·布兰戴在《他人的金钱》中说道："阳光是最好的防腐剂，灯光是最好的警察。"[②] 两个人的简短语言绝妙地阐释了政府行为与信息透明度的关系。

（四）中国公民社会发展的滞后与银行脆弱性

与西方国家的民间组织相比，中国的公民社会正在形成之中，具有某种过渡性。它还很不成熟，其典型特征如自主性、自愿性、非政府性等还不十分明显。其最突出的特征是：较之西方国家，中国的公民社会是一种典型的政府主导型的公民社会，具有明显的官民双重性。

中国的民间组织绝大多数是由政府创建，并受政府的主导，政府对重要民间组织的主导始终是中国公民社会的显著特点。这种政府对公民社会的主导性是通过以下四种途径得以实现的：[③]

其一，根据政府有关民间组织登记和管理条例的规定，任何民间组织的登记注册，都必须挂靠在某一个党政权力机关作为它的主管部门，作为主管机关的权力机关必须对该民间组织负政治领导责任。

其二，绝大多数有重要社会影响的民间组织都是由政府自己创立的，尽管它们最后从组织上逐渐脱离了其创办者，但两者之间依然有着极为紧密的联系，创办者照例通常是这些民间组织的主管部门。

其三，几乎所有重要的社团组织的主要领导都是由从现职领导职位上退下来或由机构改革后分流出来的原政府党政官员担任。以行业协会为例，虽然协会章程规定，会长、副会长必须由理事会选举产生，但事实上很少有企业家担任协会的会长，大多数协会的会长都由政府相关领导担任。

其四，按照政府的有关规定，民间组织的经费原则上由自己筹集，但事实上至今还有一些重要的非政府组织的活动经费由政府财政拨款，在经

---

① ［印度］阿马蒂亚·森：《以自由看待发展》，任赜、于真译，第180页。

② 转引自高雷、宋顺林《公司治理与公司透明度》，《金融研究》2007年第11期，第28—44页。

③ 俞可平：《中国公民社会：概念、分类与制度环境》，《中国社会科学》2006年第7期，第109—122页。

济上完全依赖于政府。

上述四个原因决定了中国目前的民间组织从总体上来说，是政府主导型的民间组织，其对政府机关的依赖程度要高于西方的民间组织，而其自主程度则要低于西方社会。因此，尽管中国出现了社会分化、利益重组以及利益代表的重构，但是公民社会仍以独立于国家的自治和独立于传统结构如家族、单位或家庭的自治为前提，涉及公民结构及其思维模式的形成等诸多因素，其形成条件在中国才显露征兆。[①] 总之，公民社会能够发挥其信息沟通及社会监督的前提就是拥有相对于政府及其他利益集团的独立性，这一至关重要的条件目前在中国尚未具备。

综上所述，本书已经说明中国不良信用环境是银行脆弱性的重要原因，而公民社会的发展有助于改善信用环境从而缓解银行脆弱性，但是中国的公民社会缺乏独立性，发展水平滞后，其信息沟通和社会监督及激励作用基本很小，因此反而加剧了银行脆弱性。

---

① ［德］托马斯·海贝勒、诺拉·绍斯米卡特：《西方公民社会观适合中国吗?》，《南开学报（哲学社会科学版）》2005 年第 2 期，第 64—71 页。

第七章　个人选择行为与中国商业银行脆弱性

个人作为经济体系乃至社会的最基本的主体，其同样时时面临不确定性因素及其应对措施的选择问题。这种行为选择在国家之间由于多种因素而表现出明显的差异，在一国之内有一些普遍的共同性，但又由于经济主体所处行业及部门乃至职位等环境的不同，从而令个人行为的选择问题各自表现出不同的特点。在微观层次上，中国不同于其他国家的个人选择行为及其决定因素是中国商业银行脆弱性不同于其他国家的原因。

第一节　个人选择行为的相关理论

一　理性选择理论

从方法论的角度来说，该理论是基于个人主义（methodological individualism），是比较适合研究个人的选择行为的。但是，从亚当·斯密确立理性选择的原则开始，利益最大化就是其根本的行为准则。亚当·斯密认为人在进行选择行为的时候，会以自身利益最大化为最高目标，通过理性的计算和分析，在利益最大化原则的指引下，做出对个人利益最大化的交易选择行为。

在现实生活中，这种完全理性的选择模式并不适用，因为人们所处的是一个复杂的、不确定的世界，信息以及交易状况并不是能够被人们完全把握的，而且，更重要的是，人的理解计算能力和认知能力是有限的。因此，在个人的选择行为过程中是没有办法做到理论上所设计的完全理性化的，因而人的选择行为必然偏离了理性选择理论的设计。

西蒙在认识到完全理性选择的偏差之后，在更接近现实的基础上提出了有限理性原则和满意原则。西蒙指出："广义来说，当前面临的任务是将经济人的全局理性替换为另一种理性行为。”西蒙承认经济人的理性认知和理性计算能力都是有限的，并且在外在环境中所接受到的有限信息中进行的并不是依据利益最大化原则的最优选择，而仅仅是满意性选择。可以说，西蒙通过有限理性和满意原则而对完全理性进行了限制，并使其在理解个人选择行为时更贴近现实生活。

二 基于认知心理学的个人选择行为

在社会学的研究视野中，行为的主体不是纯粹的“经济人”，而是一个具有主观感受的“社会人”。个人的选择行为过程不仅仅包括理性头脑的计算比较以及利益最大化的选择，而且还包括社会人的心理——即个人主体性和主体意识的表现。抛开抽象的主体意识，这里论述的是选择行为个人内心微观世界的心理体验等。心理的体验以及心理的偏好、感受、习惯、价值认同等因素对个人的选择行为本身是一种实际存在的影响因素。

从个人心理视角来研究个人选择行为过程的，以 2002 年诺贝尔经济学奖获得者卡恩曼（Daniel Kahneman）和史密斯（Vemon L. Smith）最为突出。他们用心理认知和实验的方法对人的行为尤其是经济行为进行研究，解释了个人在不确定性条件下如何进行选择行为。卡恩曼等基于个人认知心理的分析，对于从个人心理的角度对选择行为的发生和本质理解具有重要意义。他主要是从决定风险和影响角度对利益最大化原则进行了批判，从认知心理学的角度超越了对传统理性选择标准假设的意义理解，在把对个人选择行为和行为决策的过程置于个人微观心理感受的验证之下，从而在一定程度上把个人选择行为从纯粹的经济理性选择标准中解脱出来。卡恩曼把风险因素分成内部不确定性（即与决策者的价值观、知识结构等人的因素有关）和外部不确定性（即与决策任务的环境有关）。各种因素最终是通过决策者对各种结果事件的价值和概率判断而影响决策方案的总效用，从而影响最终的决策。

在传统理性选择理论认识中，人们首先是对收集到的信息进行理性计算比较，然后采取对自身利益最大化的选择行为。卡恩曼认为在实际生活中，许多选择行为的发生是与此不相符的。比如，人们会为了省 5 元钱而花 6 元钱的汽油费到更远的超市去买不值几个钱的小商品。这是因为，在人们做出选择行为的时候，更多的是对理性原则的偏离，尤其是在不确定性条件下进行决策和判断的时候。卡恩曼认为，在不确定性条件下，人们的偏好主要是由财富增长量而非总量决定的，这就使得个人的风险意识和传统的经济学不一致。

三　基于社会结构角度的个人选择行为

根据社会学观点，即个人行为受到所处的社会结构影响的思想，个人不是原子式的独立存在，而是生活在一定的文化中，生活在一定的价值观念中，生活在具体的社会制度中的。由于实施选择行为的主体——个人，所处的不是一个可以用完全理性来表述的世界，因此，个人的选择行为不可避免地要受到这些外在结构性因素的限制和影响。换言之，个人选择行为不仅受到理性选择理论利益最大化标准的限制，受到个人内心心理特质的认知心理学层面的影响，也要受到社会结构的影响。

迪尔凯姆（Emile Durkeim）在他的社会事实概念里已经指出行为方式作为一种社会事实的存在，都是会从外部给个人一定的约束的。[①] 这种行为方式表现出来的其实就是一种社会结构性的存在，而个人的行为是要受到它的客观制约的。后来的齐美尔和米德也都看到了社会结构对个人行为的限制和影响，认为社会结构作为现存的有组织的协调方式，限制并约束着个人的选择。[②] 不同的是，米德已经意识到了个人选择行为与社会结构之间可能存在着互动。韦伯在他的思想中也意识到了个人行为的展开是要受到制度等结构因素的制约的，并且存在着一定的互动。齐美尔等人的研究思路其实是把社会结构看做一个客观存在，然后来研究社会结构对个人行为的影响。后来布劳（Blau）也是从这个角度展开社会结构，比如社会群体特征等是如何影响个人之间的交往选择行为模式等的。吉登斯则是在批判前述理论的基础上，力图把社会结构和个人选择行为以及行为互动等结合起来，研究结构与行动、社会与个体的二元对立思维。吉登斯用他的结构化理论来说明行为与行为者都是内在于社会结构中的，社会结构和行动是相互依存的，而社会结构作为具有客观性的存在，对行动者具有独立性和约束性。[③]

另外，个体选择行为受到的社会结构性制约和影响也是有层次的，表

① ［法］E. 迪尔凯姆：《社会学方法的准则》，狄玉明译，商务印书馆 1995 年版。

② ［美］米德：《心灵、自我与社会》，华夏出版社 1999 年版。

③ ［英］安东尼·吉登斯：《社会的构成》，三联书店 1998 年版。

现在宏观的制度、规范、组织等以及微观的个人互动所形成的社会群体和社会网络等结构性存在中。因此，社会结构都是外在于个体行为者的，个人的选择行为和互动行动是嵌入在一定的具有层次特征且具体的社会结构中的。

四 文化、道德与个人行为选择

在经济学领域中许多经济学家非常注重一国的历史文化及习俗、道德等对经济主体行为的影响，认为一国的文化、传统等因素对于一国经济制度演进及经济增长有重要作用。

阿瑟·刘易斯认为，一个国家的经济增长与人的行为有很大的关系，而人的行为又可以分为三个层次，这三个层次分别构成促进经济增长的三个主要因素。第一，厉行节约，即降低任何一种产品的成本；第二，增进知识及其应用；第三，人均资本额和其他资源量的增加。

其实刘易斯在书中所说的节约是指人们为降低成本或提高产量做出的种种努力，这种努力的动力又来自于对更多财富的期盼。那么，为什么这种期盼在不同的国家表现不一呢？这是由于历史的因素和制度的因素所决定的。他举例说明了不同国家的文化对商业经济活动具有不同的激励效果：赚钱所取得的相应地位在美国要高于英国，而在英国又高于缅甸，这是这些国家经济发展程度不同的重要原因；又如，中国与日本一百年来两国的经济史差别如此之大的部分原因在于产业革命前两国商人阶级的社会地位及相应文化的差异。① 总之，刘易斯强调了历史和制度因素对个人行为选择的影响。

德国社会学家韦伯将欧洲令人惊叹的经济发展归结为两个因素：文化价值，尤其是新教徒的工作伦理观；以及欧洲的制度，尤其是法律制度。市场经济中的市场参与者需要可预见性与确定性以筹划他们的事务并确保从自己的努力、创新和投资中获得收益。在韦伯看来，欧洲的法律制度提供了这种确定性。韦伯的理念主义思想在其《新教伦理与资本主义精神》一书中得到了最精确的阐述：仅有制度本身不足以催生现代资本主义。理性的法律虽然通过为私人交换提供可预见性而支撑了经济

① 徐康宁：《国家经济增长中的个人行为选择作用》，《东南大学学报》2006 年第 1 期，第 40—44 页。

增长，但资本主义的发展还需要伴随新教改革出现的自觉意识的变革。他对中国的分析支持了他认为没有文化变革则技术创新不足以创造资本主义的观点。

经济史学家道格拉斯·诺斯运用意识形态理论解释人们对现实认知的不同如何影响其对客观状态变化的反应。他认为，当个人深信一个制度是违背正义的时候，为试图改变这种制度结构，他们有可能忽略这种对个人利益的计较。当个人深信习俗、规则和法律是正当的时候，他们也会服从它们。① 历史的变迁与稳定需要一个意识形态理论，并以此来解释那些有异于新古典理论的个人理性计算的后果。并且，这种意识形态是以“制度”形式具体体现的，是一系列影响人类行为的规则或规范。诺斯说：“制度是一个社会的游戏规则，更规范地说，它们是决定人们的相互关系的系列约束。制度是由非正式约束（道德的约束、禁忌、习惯、传统和行为准则）和正式的法规（宪法、法令、产权）组成的。”② 可见，这其实也是从历史及习俗角度对个人行为选择的一种解说。

德国社会学家乌尔里希·贝克同样从社会意识形态角度出发对各国中不同组织选择不同的风险承担模式的差异进行了解说。他认为就一个社会来说，不同的文化传统和社会结构会导致风险分担方式的不同，集体主义的文化强调个人要服从组织的需要来承担风险，而个人主义文化侧重于个人对自己行为负责。而阿瑟·刘易斯、韦伯及道格拉斯·诺斯等人从国家的历史文化、道德、习俗等方面对此进行了论述。

五 相关理论的总结

因为个人行为的选择是一切经济活动方式的微观基础，对它的了解是我们理解其他经济组织行为的关键，但其本身由于受到社会多种因素的影响使得问题异常复杂。上述理论从古典理性主义、现代心理学、社会结构以及历史文化、道德、习俗等多个角度对个人行为选择进行的解说就反映其复杂性，可以说每一种理论都有其合理之处，却又不能独立包含全部影响因素。但是无论如何，我们可以看出关键一点：这些有关个人行为选择理论的差异的根源正是在于它们对不确定性因素的不同处

① ［美］道格拉斯·C. 诺斯：《经济史的结构与变迁》，上海三联书店 1995 年版，第 7 页。

② 同上书，第 3 页。

理。简单地说，除了古典理性选择理论完全排斥不确定性外，其余的理论都从不同角度直接或间接论述了不确定性。古典理性选择理论基于个人信息的完全性否认不确定性的存在，个人行为选择只是在相关约束条件下经济主体追求利益最大化动机的驱动结果。认知心理学的个人选择行为理论否定了古典理论对于不确定性的简单化处理，着重从个人心理角度对经济主体决策过程中内部不确定性和外部不确定性共同作用机制进行了解说。社会结构理论从社会学角度说明社会结构对于个人行为的制约以及两者之间的互动关系，而不确定性因素是促使两者关系发生变动的动力。

第二节　中国制度文化思想与商业银行脆弱性

乌尔里希·贝克认为就一个社会来说，不同的文化传统和社会结构会导致个人对风险分担方式的不同，集体主义的文化强调个人要服从组织的需要来承担风险，而个人主义文化侧重于个人对自己行为负责。风险分担方式的不同就决定了一国融资模式与商业银行脆弱性模式。这一点在中国的融资模式及银行制度方面表现得很清楚。

一　融资模式的不同与银行脆弱性

融资模式指的是不同融资形式的组合，再具体些讲就是指不同的企业融资形式的组合。融资模式的差异决定了银行与企业的关系，也决定了金融体系分担风险的方式。融资模式通常分为两种，即银行主导型融资模式（债权型融资模式或间接融资主导模式）和市场主导型融资模式（股权型融资模式或直接融资主导模式）。银行主导型融资，是指银行系统的间接融资占据了企业外部资本来源的主要地位。如日本的主银行制度和我国的银行融资方式。这种融资模式体现为紧密的银企关系，银行是提供融资的主要来源，通常存在企业对银行过度依赖倾向。这种融资模式中银行脆弱性的表现形式是：两者之间存在较为明显的预算软约束，贷款信息不透明等特征，从而引发不良银行贷款的积累沉淀。市场主导型融资模式就是指企业主要从证券市场这一外部途径去直接获取所需的发展资本。这种融资模式中，银行完全根据企业的市场表现判断是否向其融资，市场约束机制明显，关系贷款较少。其银行脆弱性主要表现为银行的过度竞争、市场价格波动带来的潜在风险。

二　制度及文化等综合因素与中国的融资模式的决定

（一）融资模式中制度及文化因素

金融体系的两个最主要的功能是将储蓄转化为投资和化解风险。对于风险的处理制度及规则的选择决定了融资模式。正是人们对于制度规则的选择规定着风险的具体形态、塑造着风险的具体内容。风险的程度本身是可以由人们所选择的制度规则来调整的。也可以说，对于制度规则选择有着不同意愿的人，是因为对于风险及风险程度有不同的感受，这些有不同风险感受的人的组合，决定了不同制度规则的选择，不同制度规则之间在风险的形成及风险的程度上，必定是不一样的。因此，需要对人们如何选择约束投资决策的规则、从而对所选择的风险，进行深入的讨论。这是从选择制度的角度来讨论风险，通过对于制度的选择，人们也就选择了愿意承受风险的模式，这自然就会在长时期中影响一个国家的融资模式，即融资中市场和银行哪一个主导，或者说是直接融资模式还是间接融资模式。另外，唐寿宁和王晋斌（2002）认为具有风险感受的投资者有着对风险的不同感受。有些投资者是风险规避型的，有些投资者是风险偏好型的。不同类型的投资者选择不同种类的金融产品，从而选择着不同风格的中介，最终决定着金融系统的模式。① 总之，人们出于对风险的不同认知，从而选择了不同制度以及不同风险产品，最终决定了融资模式。还有一些其他关于融资模式决定的观点。

比较典型的是拉波塔（La Porta，1997），拉波塔、洛配兹·西拉内斯、罗伯特·维什尼和安德烈·施莱弗四人（简称 LLSV，1997，1998），Levine（1997）等人的法律起源观点。法律特征对各国金融市场的差异，既是选择市场主导型的金融系统，又是选择银行主导型的金融系统的原因，具有很强的解释力：习惯法起源的国家更注重对小股东的保护，因而有利于股票市场的发展；而民法起源的国家更注重对信贷者的保护，因而有利于银行主导型的金融系统的发展。

除法律之外，很多研究者也认为一国的政治和文化对金融制度有重要

① 唐寿宁、王晋斌：《投资者选择与金融系统演变》，载北京奥尔多投资研究中心主编《奥尔多投资评论（第二辑）：金融系统演变考》，中国财政经济出版社 2002 年版，第 1—21 页。

影响。重视个人信用，提倡个人作用的国家，倾向于采用市场主导型金融制度；而重视集体作用，相信权威的国家，倾向于选择银行主导型金融制度。

美国法学家马克·罗质疑融资模式形成的法律起源观点。他认为，法律通过对投资者保护和产权保护对一国金融市场的发展起决定作用。他从近代国家发展的历史背景及经济学角度对此进行了论证：在20世纪，几乎所有大陆法系国家都曾遭受军事入侵与被占领之苦，这足以摧毁强大的制度，但主要普通法系国家却没有一个蒙此厄难而垮掉的。而20世纪后半叶，世界上最富有的国家中占统治地位的利益和意识形态，以及基本经济任务（如很多国家需要战后重建）各有不同。这些不同使一些富国乐于发展证券市场，而另外一些却对此不甚热心甚至反对。这些政治经济学理念比法律起源更能解释金融市场在西方富国的不同重要性。[①] 本书认为马克·罗的论证所隐含的核心思想是：一国的历史条件及当前的经济发展目标决定了到底是重视金融市场发展，还是重视银行的发展。

（二）中国融资模式的制度及文化因素

以上各种决定融资模式的理论对中国的实际情况都有不同程度的解释力，因为，中国融资模式本来就是各种因素的综合作用。中国从改革到现在，尽管集体主义思想在不断衰退，但这种思维模式在制度及生活中影响作用仍然非常大，它对人们对风险的态度及其应对措施的选择、政府部门的工作方式等都有着很强的解释力。因此，本书认为集体主义思想下的制度及文化决定了中国融资模式，而集体主义思想本身又是多种因素作用的结果，所以说中国的融资模式是一个多种因素综合作用的结果。

中国的市场化改革实质上是一个利益主体不断分化的过程，正是利益主体的分化，使得决策的形成需要经过不同利益主体之间的相互协调并充满着冲突，决策将如何做出，成为对任何主体来说都是不确定的了。在集中计划制度下，由中央统一做出决策，全体成员的不同需求在中央的统一安排下得到满足。在这里，实行的是一种高度集中的决策规则。经济市场化的改革，就是改变集中决策规则，由相互独立的行为主

① ［美］马克·罗：《法律起源与现代证券市场》，载吴敬琏主编《比较》第29辑，中信出版社2007年版，第79—120页。

体共同做出决策。那么，不同行为主体的力量及其组织的程度，决定着某一类行为主体在决策中的实际影响力，从而影响着实际上得到实施的决策规则。市场化的改革，使投资决策规则实际上成为不确定的。尽管如此，集体主义思维方式在政府主导的各领域中仍然有着很强的影响力。比如，对于中国，通常单位是连接个人与社会的一种重要结构组织。单位是中国社会特有的一种基本社会结构，单位作为社会结构的存在，其组织特征、种类划分、资源掌控以及社会认同等，都对个人选择行为产生着特有的影响。因此，研究个人选择行为的时候，尤其是中国社会中的个人选择行为的时候，是离不开单位这个特有的社会组织结构的。[①] 而单位很多都是集体主义制度及文化的载体，这就决定了中国投资者对于风险的看法不同于其他国家。对应于投资者所选择的不同投资决策规则，从而不同投资者群体的不同风险感受所组合成的风险形态，存在着不同的风险管理模式：[②]

（1）以管理整体性风险为主的风险管理模式。在以整体性为主的风险形态下，投资者之间的相互独立及投资者的分化是受到限制的，投资决策的形成是在统一的计划下进行，资金主要是通过公共的方式进行运用，中央政府的财政起着主导性的作用。在这里，投资决策在名义上要通过最为广泛的投资者的同意。由于投资者的相互独立与分化在这里受到严格的限制，所以投资者的组合及组合的方式也是十分有限的，融资方式以间接融资为主。

（2）以管理主体性风险为主的风险管理模式。主体性的风险意味着投资者要自己来管理风险。投资者通过自发组织而形成各类投资者组合，各类投资者组织代表着不同的投资者群体，不同的投资者群体通过自身的组合形式，在市场中交易、转移各自的风险，从而使自身的风险得到处理。在这里，组合方式与融资工具种类根据投资者的意愿及处理风险的需要而不断变化。

总之，集体主义的制度文化产生了中国政府主导的间接融资模式。

（三）进一步说明

基于一个制度有效组合视角，张杰（2005）认为不同的制度环境以

① 李汉林：《中国单位社会》，上海人民出版社2004年版。

② 唐寿宁：《风险、不确定性与秩序》，载北京奥尔多投资研究中心主编《奥尔多投资评论（第一辑）：风险、不确定性与秩序》，中国财政经济出版社2001年版，第106—117页。

及社会合作能力决定政府因素与私人因素的不同比例，并由此定义不同类型的市场经济；不同类型的市场经济会对银行制度提出各异的要求。[①]具体地说，不同文化渊源的国家会面对不同的制度可能性边界，而不同的制度可能性边界包含着私人偏好与政府偏好的不同组合。比如，具有习惯法传统的国家，私人偏好所占的权重较大，而具有大陆法传统的国家则政府偏好所占的权重较大。之所以会有这样的结果，在具有习惯法传统的国家，社会（私人之间）的合作能力较强，更多的私人偏好不会导致太多的无序。而在具有大陆传统的国家中，社会的合作能力较弱，从而需要政府因素的更多介入，以保持社会经济的运作。政府因素与私人因素的权重大小不仅决定着不同的市场经济类型，也决定了社会行为方式和风险偏好。政府主导型的银行体系之所以不可替代，是因为国有商业银行的集体主义行为方式对长期项目较有效，而后者有关中国经济增长的长远目标。另一方面，国有商业银行在改革中之所以在为经济增长提供必要金融支持的同时，出现了大量的信贷资源低效配置现象，这是因为国有商业银行的机会主义行为，而私有化方式的市场化改革虽然可以削弱这种机会主义行为的动机和空间，但同中国经济增长目标的实现有冲突。这样，为了保持经济增长，国有商业银行的信贷资源低效配置现象可能会继续存在。事实上，这个现象及其机制不仅仅限于国有商业银行，这可以从软约束的角度进行说明。英、美通过市场融资往往导致短视主义（Corbett，1987），而德、日往往通过银行向企业提供长期融资。因此英、美模式可以被视为硬约束，而德、日模式可以当作软约束。尽管硬预算约束具有许多正激励作用，但它也可能导致管理者对优良项目表现出“短期主义行为” （Thadden，1995；Dewatripon and Maskin，1995）。在软预算约束下，虽然不良项目有可能得到融资，但优良的长期项目也会得到融资。而在预算约束较为严格的情况下，只有“短平快”的项目才会得到融资。如果在软约束下，从优良长期项目所得到的收益高于因不良项目而受的损失，那么软预算约束就是可以接受的。然而 Dewatripont 与 Roland（2000）指出，虽然分散贷款导致的硬预算约束可能刺激短视行为，但强化预算约束另一方面可以加速金融资产

① 张杰：《究竟是什么决定一国银行制度的选择》，《金融研究》2005 年第 9 期，第 1—18 页。

的流动，为创新提供融资支持。

可见，国家主导的商业银行体系天然存在信贷的低效配置现象，从而使坏账积累。另外，它也不利于商业银行的创新。

第八章　结论及相关建议

本章对全书做出总结，强调中国商业银行脆弱性的特殊性表现及其产生的一系列原因，在此基础上，本书有针对性地提出了一些相关政策建议。

第一节　结论

商业银行的脆弱性是商业银行的一种不稳定状态。它的特性是永恒存在并无时不处于动态变化之中。这种特性是由商业银行内外不确定性因素及其所采取的应对措施综合决定的。商业银行的产生及发展的过程就其本质而言，是将不确定性因素在一定范围内转化为确定性因素或减少其不确定性，在这过程中出现了四种应对不确定性的手段，分别是国家、专业化组织、市场及个人选择。国家通过制定一系列制度法规来规定人们的行为，从而减少不确定性；专业化组织通过集中资源专门研究并处理某一领域之内的可能问题而减少不确定性；市场作为一个庞大的信息交换系统能够灵敏地将分散的知识及信息让相关经济主体共享从而降低交易中的不确定性；个人则通过各种技能将面临的不确定性转化为预期从而减少其行为的不确定性。商业银行作为专门收集并处理资金信息的专业化组织，能够借助本身的资源优势，通过市场化手段处理相关不确定性因素，有其独有的领先优势，从而降低了融资交易的不确定性，促进了社会经济的发展。也就是说，在一定程度上，商业银行的市场行为能够降低自身的脆弱性。但同时商业银行的利益相关者国家、企业及个人的行为无时无刻不在影响及制约其行为，并且很多时候这些影响后果是银行当时无法确定的，这就是商业银行脆弱性的复杂性。这种复杂性使得商业银行脆弱性在一些时候的恶化趋势难以被控制。商业银行脆弱性问题处理得好，银行就能够正常发挥其融资功能，并能够极大地促进经济发展；处理得不好，银行融资效率就低下甚至引发银行危机，从而给经济发展造成巨大损害。

各国由于其经济发展模式的不同及其特殊的国情，因而应对不确定性的四种手段也就各不相同。表现在国家制度各异、市场机制不尽相同、银行制度及组织各有特色以及个人行为选择的动机国别差异很大甚至相反。这些决定了一国商业银行即使在面临同类不确定性因素时，其选择的应对措施也不会是完全相同的，其后果自然也就差异甚大。这就是商业银行脆弱性的特殊性。

对于中国来说，中国经济发展的特有模式决定了国家政府的作用及影响居于四种应对不确定性手段之首。这决定了中国商业银行脆弱性问题的最大特殊性表现及根源。中国银行脆弱性最突出的表现在于其“超稳定性”，这是欧美银行所没有，而是中国独有的现象。本书认为中国商业银行脆弱性的特殊原因主要有以下几点。

一　中国商业银行脆弱性的根源在于AD模式下政府过度干预而导致的脆弱性积累模式

主要体现在经济发展失衡和财政政策的扭曲两方面对商业银行脆弱性的影响。中国的经济发展模式是国家主导的威权发展模式，即AD模式。其突出表现在，国家在经济发展中的各方面的主导地位，相对于市场，国家在经济发展中的作用更大。政府的有力干预是中国经济长期高速增长的关键，然而政府的过度干预又是中国商业银行体系脆弱性的根源。其内在逻辑联系是：中国经济发展的AD模式→赶超战略及粗放型经济增长方式→经济发展失衡及财政政策扭曲激励→商业银行的脆弱性积累。

（一）中国经济结构的失衡在多方面影响着商业银行脆弱性

1. 产能过剩与银行脆弱性

在整个社会融资结构严重依赖银行的格局没有明显改变的前提下，宏观经济的大起大落通过固定资产投资将产能过剩与商业银行的资产与负债有机联系起来。结构性矛盾引发的在产能过剩状态下，商业银行的经营环境的恶化是导致其风险增大的主要因素，各商业银行为了减小其已有的或可能发生的存量损失，其经营行为体现为强烈的顺经济周期性，贷款表现出即时性和被动性，最终体现为商业银行脆弱性的被动积累。

2. 过度增长过程中基础瓶颈问题与银行脆弱性

中国经济发展过程中对中间加工产品的大量需求以及政府控制基础部门产品价格基本不变，使得中间加工工业部门在大量市场需求存在的情况下，能够轻松保持高赢利。其结果是，中间加工工业部门的赢利使得投资于其中的银行也轻松地获得高利润，所以银行的信贷有自发扩大的冲动，而谨慎放贷的原则被放在一边。这样，银行大量资产便沉淀于中间加工工业部门，一旦市场行情逆转，其中许多资产就成为不良资产，银行不良贷款随之大幅上升。近年来，国家对资源价格的改革，使得能源部门又成为前景看好的优质信贷对象，从而吸引了商业银行大量的信贷，很快在短期之内一些能源部门也产生了产能过剩，同样使大量银行信贷变为不良贷款。

3. 出口的粗放式增长在以下几方面加剧了银行脆弱性

（1）会导致利率风险上升。过多的流动性流向货币市场导致货币市场利率走低，流动资产收益率下降，长短期利率倒挂，造成银行经营效益水平下降、银行利润受到侵蚀。（2）导致信贷扩张和信贷风险上升。过多的流动性使商业银行发放贷款意愿增强，银行的资产收益率受到影响，同时会削弱商业银行相关人员谨慎经营的动机，易使银行资金违规进入股市、楼市、期货市场等，使风险敞口扩大，从而易引发操作风险、市场风险等。（3）引发过度投资。过多的流动性加剧产能过剩，带来通货紧缩压力，而产能的集中释放会引起部分行业利润下滑，影响银行信贷资金的安全。（4）导致通货膨胀和资产价格上涨压力，恶化商业银行经营的宏观经济环境。流动性过多将增大潜在通货膨胀压力，推升房地产价格，导致经济过热和投资效率下降，潜在金融风险增加。

4. 资源环境约束、赤道原则与银行脆弱性

中国经济持续快速增长与资源环境的矛盾越来越突出，这主要体现在：一是我国已难以承载30年来经济持续快速增长带来代价过大的资源环境困境；二是全面增强的资源环境（能源消耗和环境保护）约束，已成为影响我国实现可持续发展的重要影响因素。资源环境约束对中国商业银行脆弱性的影响有两方面：

（1）它通过对经济增长的影响，即企业的生产经营成本等方面，会间接影响银行的信贷环境及信贷资产的质量。

（2）它将直接作用于中国商业银行的发展，其重要表现就是所谓的“赤道原则”。赤道原则（the Equator Principles，简称EPs）是在2002年由

世界主要金融机构根据国际金融公司和世界银行的政策和指南建立的，旨在判断、评估和管理项目融资中的环境与社会风险的一个金融行业基准。由于“赤道原则”已经成为发达国家主流金融机构通用的标准，如果中国商业银行不能够及时引进并执行，“赤道原则”必将成为国际融资领域拒绝中国商业银行参与国际业务的又一新的环保壁垒，其未来的竞争及收益能力将与国际银行界同行的差距不断加大。

当前，在中国实际应用“赤道原则”，还面临政策与收益之间及社会与经济之间等两难抉择的问题。其一，如果商业银行积极响应国家政策对企业竖立绿色屏障时，也会丧失了部分“优质”客源，降低当前收益。而银行间竞争日益激烈，这对落实绿色信贷会带来不小的挑战。其二，如果中央和地方政府同时加大赤道原则及绿色信贷政策的强制执行力度，又无疑会导致银行贷款存量资金的大幅度损失，这对于商业银行来说无疑是一种潜在的政策风险。

5. 经济增长的不平衡、公众预期的不确定与商业银行的脆弱性

社会经济发展的不平衡在多方面使中国公众的预期的不确定性大大增强。我国经济发展的过程中，一度过多地关注总量增长，没有顾及社会公正等因素，造成多种隐患：医疗保障、住房等制度的剧烈变化使得消费者对未来预期支出陡然增加；机构产权结构、劳动用工制度等的变化使得大多数城市居民的收入预期变得不确定。产业结构的失衡是更深层次的影响中国公众预期不确定性的一个重要原因，它与其他因素共同作用使预期问题变得复杂。公众预期的不确定会通过直接影响人们的投资及储蓄行为而影响银行的资产及负债。公众未来预期的不确定性过大，会增大存贷差，导致商业银行流动性过剩。

（二）中国财政政策的扭曲效应对银行脆弱性积累的影响

从国际通行标准来看，中国财政赤字并无不安全问题，甚至比绝大多数国家都要稳固。其问题的根源在于中国的财政政策带来的失衡效果直接或间接影响商业银行体系的脆弱性问题。

本书重点关注中央与地方财权与事权的变更对地方政府行为的影响，而正是后者会对当地的商业银行的行为有着极大的影响，从而对中国商业银行的脆弱性问题有着极其重要的影响。中央和地方财权、事权的不对等导致地方政府预算外收入动机的增强，以 GDP 增长率为地方政府主要绩效考核指标的激励机制增强了这种动机。而这种动机能够转化为现实依赖于

两个原因：其一，分权改革使地方政府实际获得了对一些稀缺资源的垄断权，这对银行的收益结构产生了重大的影响；其二，改革过程中，官僚机制对中国经济发展的重要性使得地方政府对中央的谈判能力增强。总之，中国地方政府的行为在当前的经济增长方式以及工业化、城市化和市场化进程中产生的一系列经济结构性矛盾中扮演着重要的角色，必然对商业银行脆弱性的产生及发展有重要的影响。其逻辑关系可以大致表示为：

财政政策变动→中央、地方财权、事权变更→地方财政收支失衡→地方预算外收入动机加强→影响当地企业及商业银行行为→国家调控，商业银行坏账积累→银行脆弱性增大

二　中国商业银行独立性缺失使其难以灵活应对各类不确定性因素，加剧了银行脆弱性

一般提到银行独立性时主要是指中央银行的独立性，即中央银行独立执行货币政策而不受政府干扰的程度。很少有文章提到商业银行独立性问题，这可能是因为西方国家的商业银行完全是自主经营，自负盈亏，其决策及管理等行为只根据市场状况而不受政府直接影响，因而独立性根本就不是一个问题。而在中国，商业银行的独立性恰恰是一个不可忽视的问题。

商业银行独立性是指商业银行相对于政府机构的独立程度，即商业银行根据市场情况不受干扰、独立自主地进行商业决策并实施的程度。商业银行独立性的丧失或减弱意味着在不确定性条件下选择能力的减弱，所以必然会增大其脆弱性。影响中国商业银行独立性的主要原因有：

（1）中国商业银行独立性缺失的根本原因，是中国商业银行发展历程中与各级政府形成的密切关系。

（2）中国商业银行独立性缺失的现实原因及条件，是国家推动形成的资本结构在很大程度上左右了商业银行公司治理结构及决策等行为。

（3）过度监管加剧了中国商业银行的独立性缺失。

（4）预算软约束削弱了中国商业银行独立性的动机。

三　中国商业银行外部环境的不完善，即法治的落后及银行外部的企业“二元极化”结构恶化了商业银行经营的环境

市场本身就是一个最好的信息交换系统，它充分适应了市场中知识的

分散特性。所以，在市场机制完善时，银行能够完全应对不确定性因素，从而使其脆弱性问题无须令人担忧。但中国银行业的法治环境及其外部的企业环境的缺陷阻碍了市场分散并交换信息的功能，从而加剧了银行的脆弱性。

（1）中国当前银行业所处的法治环境主要存在两方面的问题：一是，现行的法律制度存在缺陷，不利于商业银行债权的保护；二是，相关法律执行效率低下，影响了法治水平。

（2）中国商业银行的外部企业环境存在“二元极化”结构。1994 年后，优势资源向国有大型企业集中，产生了在相关领域中国有企业相对于其他企业的优势地位，类似于一个二元结构。在随后的发展中，这种结构得到进一步的巩固和强化。尽管国有企业数目不断减少，其控制力却在加强。这对商业银行脆弱性的影响主要有：一是在国有企业占市场优势的领域中，形成银行贷款集中的强烈趋势。二是在具有二元市场结构的市场中，垄断行业是中国国有经济最集中和控制力最强的领域。垄断企业与银行的紧密关系及垄断者的市场势力，使得银行更加疏于贷款的风险管理，容易引起投资扩张，从而产生银行资金损失的隐患。

四　中国其他相关专业化组织及公民社会发展的滞后，使得商业银行信息透明度普遍不足，社会信用环境欠佳

商业银行信息透明度的提高能够保证其在信息公开和清晰的条件下自由地交易，降低信息不对称带来的不确定性，从而降低商业银行的脆弱性程度。

商业银行的公司治理和监管对于保证银行稳定，降低银行脆弱性有至关重要的作用。信息透明度对两者都有重要的影响。我国商业银行公司治理过程中信息透明度不足，主要表现在三方面：（1）信息披露内容真实性不够；（2）信息披露内容不够充分；（3）披露的时间不及时。

政府监管过程中的信息不透明，主要表现在：（1）银行信息不透明导致监管部门的监管不当，使商业银行经营成本增加，效率受损；（2）监管部门之间的信息不透明造成监管部门责任分担主体的缺失，相互推诿责任。

除了以上银行内部治理和外部监管过程中的信息透明度不足外，我国商业银行信息不透明，银行的社会信用环境欠佳还与以下三个因素有关：

(1) 金融服务中介组织的参与不足加剧了银行信息的不透明;

(2) 媒体参与度有限不利于银行信息透明度的提高;

(3) 公民社会的缺失削弱了社会对银行的监督作用，恶化了银行的信用环境。

五 中国特有的制度文化思想决定了中国的风险管理模式以管理整体性风险为主

在以整体性为主的风险形态下，投资者之间的相互独立及投资者的分化是受到限制的，投资决策的形成在统一的计划下进行，资金主要是通过公共的方式进行运用。这就从微观上决定了政府干预银行经营的必然性。从而决定了政府主导的银行融资模式及其脆弱性。

第二节 相关建议

针对以上引发我国商业银行脆弱性的各种因素，本书提出了以下建议:

一 加快政府机制改革，积极推进公共财政

政府过度干预银行业虽然能够在一定程度上保证银行业的稳定性，但其效率损失极大，往往造成大量银行不良贷款的滋生。本书已经指出政府因素是中国商业银行脆弱性被动积累的根本原因，因而要进一步深化政府机制改革，减少对银行业的干预。良好的公共财政能够避免当前因为中央—地方财政不均衡导致的扭曲效应对商业银行行为的影响。

二 多方面推进商业银行的独立性

适当放松对银行业市场的管制，增加股东多元化构成，减少国家股及国有股的份额。加强监管部门监管的有效性，减少过度监管，同时在银行内部要建立“松紧”适宜的公司治理结构。

三 建立健全法律法规制度

法律法规的确定性及执行的有效性对于减少银行不良贷款具有重要意义，应当进一步完善《破产法》、《反垄断法》等相关法律，加强其适

用性。

四　深化国有企业改革，降低市场垄断程度

中小企业的壮大发展不仅在经济增长及就业等方面有重要意义，而且能够促进融资市场的深度和广度，有利于银行降低贷款过度集中的风险，也有利于加强市场机制对银行经营行为的约束。所以，应当进一步降低相关市场中大型国有企业的垄断程度，积极扶持中小企业的发展。

重建银企关系，良好的信用制度和新型的银企关系是防范银行体系脆弱性的基础。银行赢利能力的增强从根本上取决于企业资本结构和银行资产结构是否合理化，这以银企关系是否正常化、市场化为前提。新型银企关系应该使银行与企业彻底摆脱资金供给制，建立双方平等市场主体的资金借贷关系，根据基本的市场规律实现资金的有效配置。

五　积极促进与银行业相关的专业化组织的规范化发展

规范化的专业化组织（金融服务中介、法律服务中介等）能够加强对银行的市场约束，减少银行经营的非市场化行为。政府应当加大对这些专业化组织的支持力度，并同时进行严格的规范化建设。

六　积极支持非营利组织的合理发展，推进公民社会的建设

发达的公民社会能够有效地促进银行信息披露程度的提高及其真实性，并能够对银行的不规范行为形成约束。政府应当对非营利组织的发展进行积极引导，支持其合理正当的发展要求。

七　积极推进金融文化思想建设

中国银行及金融领域中大量违规、违法问题的出现，除了有其经济、法治方面的原因之外，优良传统文化的衰落以及新的商业道德尚未普遍建立也是重要原因。因此，社会各界都应当积极推进相关文化思想建设，促进社会诚信环境的形成和发展。

参 考 文 献

［1］黄奕林、赵爱华：《不确定性经济学的发展》，《经济学动态》1997 年第 9 期。

［2］于良春、鞠源：《垄断与竞争：中国银行业的改革和发展》，《经济研究》1999 年第 8 期。

［3］罗颖：《信息披露与市场约束》，《国际金融研究》1999 年第 8 期。

［4］刘明兴、罗俊伟：《东亚国家企业和银行部门的脆弱性》，《亚太经济》2000 年第 6 期。

［5］凌亢、赵旭等：《银行体系稳定性和效率关系的模型分析》，《金融研究》2000 年第 12 期。

［6］张磊：《银行业的产业结构、行为与绩效》，《外国经济与管理》2000 年第 3 期。

［7］王栋、王静然：《中国商业银行集中度与回报率背离分析》，《武汉金融》2000 年第 4 期。

［8］于忠、王继翔：《对我国银行业集中度决定因素的实证分析》，《统计研究》2000 年第 5 期。

［9］赵旭、蒋振声、周军民：《中国银行业市场结构与绩效实证研究》，《金融研究》2001 年第 3 期。

［10］毛寿龙：《中美行政审批制度及其改革之比较》，《决策咨询》2001 年第 5 期。

［11］焦瑾璞：《中国银行业的市场竞争格局及其制度分析》，《宏观经济研究》2001 年第 6 期。

［12］刘卫江：《中国银行体系脆弱性问题的实证研究》，《管理世界》2002 年第 7 期。

[13] 徐传谌、郑贵廷、齐树天:《我国商业银行规模经济问题与金融改革策略透析》,《经济研究》2002 年第 10 期。

[14] 杨晓光、卢授永:《民营资本进入银行业——结构改造还是产权改造》,《金融研究》2003 年第 9 期。

[15] 刘锡良、曾欣:《中国金融体系的脆弱性与道德风险》,《财贸经济》2003 年第 1 期。

[16] 张杰:《中国国有银行的资本金谜团》,《经济研究》2003 年第 1 期。

[17] 朱小宗、张宗益:《信用风险与我国银行业的脆弱性》,《投资研究》2004 年第 1 期。

[18] 王聪、邹朋飞:《中国商业银行效率与改革策略探讨》,《金融研究》2004 年第 3 期。

[19] 张杰:《注资与国有银行改革:一个金融政治经济学的视角》,《经济研究》2004 年第 4 期。

[20] 范红波:《国有商业银行体系脆弱性的实证分析和政策建议》,《金融论坛》2004 年第 7 期。

[21] 陈华、伍志文:《银行体系脆弱性:理论及基于中国的实证分析》,《数量经济技术经济研究》2004 年第 9 期。

[22] 王国松:《制度变迁与国有商业银行的金融脆弱性》,《商业经济与管理》2004 年第 8 期。

[23] 秦凤鸣:《中国银行业结构的合意性》,《金融研究》2004 年第 11 期。

[24] 陆磊、李世宏:《中央—地方—国有银行—公众博弈:国有独资商业银行改革的基本逻辑》,《经济研究》2004 年第 10 期。

[25] [德] 托马斯·海贝勒、诺拉·绍斯米卡特:《西方公民社会观适合中国吗?》,《南开学报(哲学社会科学版)》2005 年第 2 期。

[26] 吴敬琏:《市场经济“升级”有赖于公民社会发展》,《中国改革》2005 年第 11 期卷首语。

[27] 许诺金:《论我国金融生态环境问题》,《金融研究》2005 年第 11 期。

[28] 任再萍、赵自兵:《金融脆弱性的微观视点:银行授信外部性与企业负债剩余假说》,《国际金融研究》2005 年第 11 期。

[29] 李华民：《寡头均衡、绩效改善与金融稳定》，《金融研究》2005 年第 8 期。

[30] 张杰：《究竟是什么决定一国银行制度的选择》，《金融研究》2005 年第 9 期。

[31] 王进诚：《对监管运行机制重构的思考》，《金融研究》2005 年第 10 期。

[32] 俞可平：《中国公民社会：概念、分类与制度环境》，《中国社会科学》2006 年第 1 期。

[33] 徐康宁：《国家经济增长中的个人行为选择作用》，《东南大学学报》2006 年第 1 期。

[34] 林毅夫、姜烨：《经济结构、银行业结构与经济发展》，《金融研究》2006 年第 1 期。

[35] 吴永球等：《信贷资金配置的市场化程度分析》，《当代财经科学》2006 年第 3 期。

[36] 广东金融学院中国金融转型与发展研究中心银行改革课题组：《中国国有银行改革的理论与实践问题》，《广东金融学院学报》2006 年第 5 期。

[37] 姜洪、曹红辉：《金融监管体制的现状、弊端及其改进》，《经济研究参考》2006 年第 7 期。

[38] 李卫群：《中国资本账户渐进开放与银行业脆弱性的实证分析》，《统计研究》2006 年第 7 期。

[39] 陆磊等：《中国国有银行改革的理论和实践问题》，《金融研究》2006 年第 9 期。

[40] 苏雪艳、魏永红：《商业银行信息披露存在的问题及对策》，《经济论坛》2006 年第 13 期。

[41] 张五钢：《国有商业银行的脆弱性特征及其演变趋势》，《金融理论与实践》2007 年第 2 期。

[42] 袁德磊、赵定涛：《国有商业银行脆弱性实证研究（1985—2005）》，《金融论坛》2007 年第 3 期。

[43] 陈振明、薛澜：《中国公共管理理论研究的重点领域和主题》，《中国社会科学》2007 年第 3 期。

[44] 黄隽：《银行竞争与银行数量关系研究》，《金融研究》2007 年

第 7 期。

[45] 高雷、宋顺林：《公司治理与公司透明度》，《金融研究》2007 年第 11 期。

[46] 刘煜辉：《地方政府行为模式及其对地区金融生态的影响》，《新财经》2008 年第 3 期。

[47] 刘煜辉：《银行改革的重点是政府》，《资本市场》2006 年第 1 期。

[48] 刘煜辉：《银行改革论争中需要澄清的几个基本问题》，《上海大学学报（社会科学版）》2006 年 11 月。

[49] 刘煜辉：《银行改革的生态困境》，《上海经济》2007 年第 2 期。

[50] 李扬：《加强金融监管的协调》，《金融论坛》2007 年第 9 期。

[51] 张静琦：《国际商业银行监管模式演进及对我国的启示》，《财经科学》2007 年第 11 期。

[52] 张卓元：《30 年国有企业改革的回顾与展望》，《企业文明》2008 年第 1 期。

[53] 曾康霖：《金融改革的回顾与评价》，《金融研究》2008 年第 4 期。

[54] 彭建国：《中国企业改革 30 年回首》，《中国乡镇企业》2008 年第 12 期。

[55] 马克思：《资本论（第三卷）》，人民出版社 1975 年版。

[56] [英] 亚当·斯密：《国民财富的性质和原因研究（下卷）》，郭大力、王亚南译，商务印书馆 1981 年版。

[57] [美] 斯蒂芬·罗西斯：《后凯恩斯主义货币经济学》，余永定、宋湘燕译，中国社会科学出版社 1991 年版。

[58] [法] 迪尔凯姆：《社会学方法的准则》，商务印书馆 1995 年版。

[59] [美] 道格拉斯·诺斯：《经济史的结构与变迁》，时报文化出版企业股份有限公司 1995 年版。

[60] 白钦先：《白钦先经济金融论文集》，中国金融出版社 1995 年版。

[61] [日] 青木昌彦、钱颖一：《经济中的公司治理结构：内部人控制和银行的作用》，中国经济出版社 1995 年版。

［62］［英］安东尼·吉登斯：《社会的构成》，三联书店 1998 年版。

［63］［美］米德：《心灵、自我与社会》，华夏出版社 1999 年版。

［64］［美］卡尔—约翰·林捷瑞恩、吉莲·加西亚、马修·I. 萨尔：《银行稳健经营与宏观经济政策》，中国金融出版社 1997 年版。

［65］［美］克鲁格曼：《萧条经济学的回归》，朱文晖、王玉清译，中国人民大学出版社 1999 年版。

［66］［美］查理士·恩诺克、约翰·格林：《银行业的稳健与货币政策》，中国金融出版社 1999 年版。

［67］［美］施蒂格勒著，穆尔编：《施蒂格勒论文精粹》，吴珠华译，商务印书馆 1999 年版。

［68］［美］查理斯·P. 金德尔伯格：《经济过热、经济恐慌及经济崩溃》，朱隽、叶翔译，北京大学出版社 2000 年版。

［69］黄金老：《金融自由化与金融脆弱性》，中国城市出版社 2001 年版。

［70］赫国胜等：《赶超型国家金融体制比较》，中国金融出版社 2001 年版。

［71］冯舜华等：《经济转轨的国际比较》，经济科学出版社 2001 年版。

［72］吴敬琏主编：《比较》，中信出版社 2002—2008 年版。

［73］彭兴韵：《金融发展的路径依赖与金融自由化》，上海三联书店、上海人民出版社 2002 年版。

［74］北京奥尔多投资研究中心：《奥尔多投资评论（第一辑）：风险、不确定性与秩序》，中国财政经济出版社 2001 年版。

［75］［日］青木昌彦：《比较制度分析》，周黎安译，上海远东出版社 2001 年版。

［76］中国人民银行研究局：《国有商业银行公司治理结构专论》，中国财政经济出版社 2002 年版。

［77］北京奥尔多投资研究中心：《奥尔多投资评论（第二辑）：金融系统演变考》，中国财政经济出版社 2002 年版。

［78］［印度］阿马蒂亚·森：《以自由看待发展》，任赜、于真译，中国人民大学出版社 2002 年版。

［79］刘仁伍、吴竞择：《国际金融监管前沿》，中国金融出版社 2002

年版。

[80] 巴曙松：《巴塞尔新资本协议研究》，中国金融出版社 2003 年版。

[81] 张杰：《经济变迁中的金融中介和国有银行》，中国人民大学出版社 2003 年版。

[82] [英] 艾伯斯坦：《哈耶克传》，秋风译，中国社会科学出版社 2003 年版。

[83] 李汉林：《中国单位社会》，上海人民出版社 2004 年版。

[84] [德国] 乌尔里希·贝克：《世界风险社会》，吴英姿、孙淑敏译，南京大学出版社 2004 年版。

[85] 俞可平主编：《市场经济与公民社会：中国与俄罗斯》，中央编译出版社 2005 年版。

[86] 北京奥尔多投资咨询中心：《奥尔多投资评论（第三辑）》，中国财政经济出版社 2006 年版。

[87] [美] 弗兰克·H. 奈特：《风险、不确定性与利润》，安佳译，商务印书馆 2006 年版。

[88] 陈雨露、汪昌云主编：《金融文献通论（宏观金融卷）》，中国人民大学出版社 2006 年版。

[89] 杨雪冬等：《风险社会与秩序重建》，社会科学文献出版社 2006 年版。

[90] 田国强主编：《名家学术演讲录（第一辑）》，上海财经大学出版社 2006 年版。

[91] 刘仁伍：《金融稳定：机理与评价》，中国财政经济出版社 2007 年版。

[92] 常巍：《国有商业银行风险研究》，中国财政经济出版社 2007 年版。

[93] 中国人民银行金融稳定局编译：《金融部门评估手册》，中国金融出版社 2007 年版。

[94] Krugman, Paul (1979), "*A Model of Balance- of-Payments Crises*," Journal of Money, Credit and Banking, Vol. 11, pp. 311 – 325.

[95] Grossman, S., & Hart, O. Takeover Bids, "*The Free-rider Problem, and the Theory of the Corporation*", 1980. The Bell Journal of Economics

11, pp. 42 –64.

[96] Shleifer, A., & Vishny, R. W. (1986). "*Large Shareholders and Corporate Control*", *Journal of Political Economy* 94, pp. 461 –488.

[97] Hyman P. Minsky, "*The Financial Instability Hypothesis*", The Jerome Levy Economics Institute of Bard College Working Paper No. 74 (May 1992).

[98] Hyman P. Minsky, "*Finance and Stability: The Limits of Capitalism*", The Jerome Levy Economics Institute of Bard College Working Paper No. 93 (May 1993).

[99] Drazen, Alan and Paul R. Masson (1994), "*Credibility of Policies versus Credibility of Policymakers*," *Quarterly Journal of Economics*, Vol. 109, pp. 735 –754.

[100] Kaufman, Gorge, 1996 "*Bank Fragilty: Perception and Historical Evidence.*" Chicago: Federal Reserve Bank Of Chicago.

[101] J. A. Kregel, "*Margins of Safety and Weight of the Argument in Generating Financial Fragility*", Journal of Economic Issues Vol. XXXI No. 2 June 1997, pp. 543 –549.

[102] Demirg-Kunt, A. and Detragiache, E. "*Financial Liberation and Financial Fragility*," Policy Research Working Paper Series 1917, The World Bank 1998, 9.

[103] Sarkar, Rumu. 1998. "*The Legal Implications of Financial Sector Reform in Emerging Capital Markets.*" 13 *American University International Law Review* pp. 705 –725.

[104] Frederic S. Mishkin (1999), "*Lessons From the Asian Crises*", NBER Working Paper No. 7102.

[105] Charles J. Whalen, "*Hyman Minsky's Theory of Capitalist Development*", Working Paper of Institute for Industy Studies, Cornell University (47、50) (August 1999).

[106] Chang, Seung Wha, 2000. "*The Role of Law in Economic Development and Adjustment Process: The Case of Korea.*" 34 International Lawyer267.

[107] Nicola Cetorelli, Pietro F. Peretto, "*Oligopoly Banking and Capital*

Accumulation", Federal Reserve Bank of Chicago Working Paper, 2000 (12).

[108] Edited by Riccardo Bellofiore and Piero Ferri (Department of Economics, University of Bergamo, Italy), *Financial Fragility and Investment in the Capitalist Economy* (The Economic Legacy of Hyman Minsky, Volume II), Published by Edward Elgar Publishing Limited (UK) 2001.

[109] *Financial Fragility and Investment in the Capitalist Economy* (The Economic Legacy of Hyman Minsky, Volume II), Edited by Riccardo Bellofiore and Piero Ferri (Department of Economics, University of Bergamo, Italy), Published by Edward Elgar Publishing Limited (UK) 2001.

[110] Simeon Djankov, Caralee McLiesh, Tatiana Nenova, Andrei Shleifer, 2001. "*Who Owns the Media?*" Harvard Institute of Economic Research Working Papers 1919, Harvard-Institute of Economic Research.

[111] Understanding the Soft Budget Constraint, by Janos Kornai, Eric Maskin, Gerard Roland. *Journal of Economic Literature*, Dec. 2003, Vol. 41 Issue 4, pp. 1095 - 1136.

[112] P. Calen, K. Gillen and S. Wachter (2004), "*The Neighborhood Distribution of Subprime Mortgage Lending.*", Journal of Real Estate Finance and Economics, 33: 241 - 258.

[113] Jan Toporowski, "*Methodology and Microeconomics in the Early Work of Hyman P. Minsky*", The Levy Economics Institute Working Paper2006.

[114] 叶海蓉:《专访诺贝尔奖得主斯宾塞:中国经济密钥在于资源价格》,载《21 世纪经济报道(亚洲市场版)》2008 年 9 月 9 日。

[115] 王世玲:《绿色信贷判定标准“中国化”:造纸、化工先行试点》,《21 世纪经济报道》2008 年 9 月 18 日第 8 版。

[116] 春霞、郭茹:《兴业银行:“赤道原则”中国探路者》,《北京青年报(网络版)》2008 年 8 月 13 日。

[117] 戴磊:《建行:遵循“赤道原则”,践行“绿色信贷”》,《金融时报(网络版)》2008 年 6 月 21 日。

[118] 贾玉宝:《不良率警报:深圳开发贷高于个贷》,《21 世纪经济报道》2008 年 9 月 18 日第 2 版。